JN096248

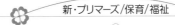

新・プリマーズ／保育／福祉

New
Primers of
Early Childhood
Care & Education
Social Welfare

社会的養護

[第5版]

小池由佳／山縣文治 編著

ミネルヴァ書房

は じ め に

「助けてって何度も言ったよ。でも誰も聞いてくれなかった。」
「家族のこと，自分でなんとかしようと頑張ってきたけど，ダメだった。
　誰か，私たち家族のことを助けてって。」

　みなさんは子どもシェルターって聞いたことがありますか。自分の身を守る
ため，家族や交際相手などから逃げてきた子どもたちを緊急・一時的に受け入
れる場です。

　冒頭の言葉は，子どもシェルターで暮らした子どもの声です。子どもたちの
声を聴くと，今までの生活や人間関係を変えたいと思いながら暮らしていたこ
とがわかります。子どもたちはシェルターとの出会いによって，支援者とのか
かわりが始まります。その子の人生の道筋がゆるやかに変わっていきます。子
どもによっては，この変化にとまどいを感じることもありますが，困難な状況
にあることに気づいてくれた人がいること，自分で声を出したこと，応じてく
れる大人がいたことなどの経験は，その子の力を引き出すきっかけとなってい
きます。

　2023年4月，こども家庭庁が発足しました。「こどもまんなか社会」をめざ
し，子どもの権利保障を核とした施策の展開が始まっています。その際，「こ
どもの声を聴く」ことを大切にすることも示されています。この言葉を聞くた
びに，冒頭の言葉を思い出します。子どもの声を一人の人として受け止め，応
じることができているのだろうかと。

　困難な状況にある子どもが社会的支援の中での生活を通じて，その生活，人
生を整えていくこと。社会的養護はそのための仕組みであり，具体的な支援で
す。今日では，社会的養護から社会的養育という言葉を使う場面が増えてきま
した。これまで社会的養護としてとらえられてきた範囲をもう少し広げていき

ませんか，という意味合いが含まれています。

　本書では，困難な状況に置かれている子ども家庭の現状，歴史的展開を踏まえた上で，解決をめざすための仕組みと支援内容について学んでいきます。社会的養護・養育は，子ども家庭福祉，そして社会福祉の一領域です。子どものwell-being（よい状態）の向上を図る仕組みと支援を理解し，一人の支援者として，同じ社会に生きる一人の人としてのあり方を一緒に考えていきましょう。

　2024年1月

編著者

目　　次

社会的養護とは何か

● ● ●

1 社会的養護と関連概念

1 | 社会的養護の定義

　社会的養護に関する共通の定義はありませんが，こども家庭庁では，「保護者のない子どもや，保護者に監護させることが適当でない子どもを，公的責任で社会的に養育し，保護するとともに，養育に大きな困難を抱える家庭への支援を行うこと」（こども家庭庁 HP を一部修正）としています。ここでいう保護者とは，特別の場合を除き，「親権を行う者，未成年後見人その他の者で，児童を現に監護する者」（児童福祉法第 6 条）を指します。多くの子どもの場合，親（養親，養父母を含む）がこれにあたります。

　「保護者に監護させることが適当でない状況」とは，「保護者が監護することが十分にできない状況」も含みます。具体的には，虐待，薬物依存，心身疾患や障がい，拘禁状況等であって，保護者の家庭において，日常的に養育することが困難な状況などが該当します。

　一方，社会的養護は限定的，硬直的にとらえてはなりません。制度的には，独立させてとらえることも可能ですが，これはサービス供給者側あるいは制度設計者側の論理に過ぎません。生活者の側に立つと，日常生活の連続線上に重なりあって存在するものです。すなわち家庭養育，社会的養育，社会的養護の

境界を明確化したり，自分自身が利用したサービスが社会的養護なのか，社会的養育なのかを考えたりすることは意味がありません。

社会的養護に限らず，福祉サービスは，常に利用者あるいは生活者の視点で考える必要があります。

2 │ 社会的養護の関連概念

社会的養護に関連する概念であって，本書を理解する上で重要と考えられる，①社会的養育，②代替的養護，③家庭養護，④家庭的養護，⑤要保護児童，⑥要支援児童，⑦特定妊婦，⑧里親等委託率，の8項目について，簡単に紹介しておきます。

（1）社会的養育

社会的養育は，「新しい社会的養育ビジョン」（新たな社会的養育の在り方に関する検討会〔2017〕）以降に積極的に使われるようになった概念です。この報告書では明確に定義しているわけではありませんが，表1-1のような説明をしています。

この説明によると，社会的養育は，社会的養護よりは広い概念であり，福祉に限らず，保健や医療など，さまざまな在宅サービスを積極的に位置づけています。

（2）代替的養護

代替的養護は，子どもが親権者である保護者の下を離れ，措置制度など，公式の手続きを経て，別の養育者（制度的に親権行使者となるか否かは問わない）もしくは養育の場で生活することをいいます。具体的には，乳児院，児童養護施設，里親家庭などでの生活です。代替的ケア，代替養護，代替的養育，代替的監護，分離保護，分離ケアなどと表記されることもあります。

子どもの権利条約（児童の権利に関する条約）等では，「alternative care」と表記されています。

表1-1　社会的養育の概念

> 　社会的養育の対象は全ての子どもであり，家庭で暮らす子どもから代替養育を受けている子ども，その胎児期から自立までが対象となる。そして，社会的養育は，子どもの権利，子どものニーズを優先に，家庭のニーズも考慮して行われなければならない。そのためには，子育て支援事業を中心とした支援メニューの充実のみならず，基礎自治体である市区町村において子どもと家庭の個別的支援ニーズを把握し，それに応じた適切な支援を構築するソーシャルワークが必要である。

出所：新たな社会的養育の在り方に関する検討会（2017），pp.6-7.

（3）家庭養護

　家庭養護とは，里親および小規模住居型児童養育事業（以下，ファミリーホーム）における養育のことをいいます。児童福祉法では，これを「家庭における養育環境と同様の養育環境」（児童福祉法第3条の2）と説明しています。

　子どもの権利条約等では，「family-based care（setting）」と表記されています。

（4）家庭的養護

　家庭的養護とは，小規模な施設における，小規模な生活単位での養育のことをいいます。地域小規模児童養護施設や小規模グループケアの取り組みがこれに該当します。児童福祉法では，これを「できる限り良好な家庭的環境」（児童福祉法第3条の2）と説明しています。

　子どもの権利条約等では，「family-like care（setting）」と表記されています。

（5）要保護児童

　要保護児童とは，「保護者のない児童又は保護者に監護させることが不適当であると認められる児童」（児童福祉法第6条の3第8項）をいいます。冒頭に示したこども家庭庁による社会的養護の定義は，これを根拠にしています。

　具体的には，保護者が家出，死亡，離婚，入院，服役などの状況にある子どもや，虐待を受けている子ども，非行傾向のある子ども，心理面で支援が必要な子どもなどがこれに含まれます。

（6）要支援児童

　要支援児童とは、「乳児家庭全戸訪問事業の実施その他により把握した保護者の養育を支援することが特に必要と認められる児童（要保護児童を除く）」（児童福祉法第6条の3第5項要約）をいいます。

　具体的には、育児不安（育児に関する自信のなさ、過度な負担感等）を有する親の下で監護されている子どもや、養育に関する知識が不十分なため不適切な養育環境に置かれている子どもなどがこれに含まれます。

　要保護児童と要支援児童は明確に分断されるものではなく、連続性のある概念ととらえることが重要です。

（7）特定妊婦

　特定妊婦とは、「出産後の養育について出産前において支援を行うことが特に必要と認められる妊婦」（児童福祉法第6条の3第5項）をいいます。

　具体的には、妊娠中から家庭環境におけるハイリスク要因を特定できる妊婦であり、不安定な就労等収入基盤が安定しないことや家族構成が複雑、親の知的・精神障害などで育児困難が予測される場合などがあります。

（8）里親等委託率

　里親等委託率は、国際比較でも用いられる概念で、里親、ファミリーホーム、乳児院および児童養護施設で生活している子どもの中で、里親およびファミリーホームで生活している子どもの割合のことをいいます。家庭養護委託率と表記されることもあります。

　この定義では、一般に、社会的養護関係施設等ととらえられる、児童心理治療施設、児童自立支援施設、母子生活支援施設、児童自立生活援助事業（以下、自立援助ホーム）が、分母に含まれていないことに留意する必要があります。

4

②　社会的養護の基本的考え方と体系

1 ｜ 社会的養護の意義

　社会的養護の定義の項で示したように，社会的養護は連続した概念です。これを，対象となる子どもの方からみると，すべての子どもが対象となっているということになります。社会的養護の意義は，このような視点から考える必要があります。以下，子どもの視点，保護者の視点，社会の視点から，その意義を考えます。

（1）子どもにとっての意義

　子どもにとっての意義は，深刻な社会的養護問題に陥らないように予防的な役割があるということです。社会的養護問題が発生すると，保護者とともに，自らの育ちを支える存在となり，さらに深刻化すると，里親や施設などの社会的養護制度が，保護者に代わって直接的な養育の主体となります。保護者による養育が期待できないと判断された場合には，養子縁組など，新たに親権を行う者を確保する仕組みにつなぐことにもなります。すなわち，子どもにとっての意義は，保護者がいかなる状況であっても，子どもの最善の利益を考慮した養育の主体が確保され，適切な養育が図られるということです。

（2）保護者にとっての意義

　保護者にとっての意義は，自らの養育を支えてくれるものであるということです。保護者の養育能力はそれぞれ異なります。また，保護者中心の養育が困難となった場合に，自ら活用できる私的資源も人によって異なります。社会的養護は，保護者の置かれている状況に応じて，必要なサービスを提供することで，できるだけ，保護者主体の養育環境を確保するということです。

5

（3）社会にとっての意義

　社会にとっての意義は，すべての子どもを視野に入れて，必要に応じて，社会的養護施策を活用することで，子どもの養育を確保することができるということです。SDGs（Sustainable Development Goals：持続可能な開発目標）」では，誰一人取り残さない（leave no one behind）という理念を掲げていますが，社会的養護はそれにかかわるものということもできます。

2 ｜ 社会的養護の理念

　社会的養護関係施設（乳児院，児童養護施設，母子生活支援施設，児童自立支援施設，児童心理治療施設），自立援助ホームには，種別ごとの「運営指針」，里親およびファミリーホームについては「養育指針」を明らかにし，ケアの標準を示しています。

　その中では，社会的養護の共通の基本理念として，①子どもの最善の利益のために，②すべての子どもを社会全体で育む，の２つを掲げています。

　「子どもの最善の利益のために」とは，子どもの権利擁護を図ることを目的として，「全て児童は，児童の権利に関する条約の精神にのっとり，適切に養育されること，その生活を保障されること，愛され，保護されること，その心身の健やかな成長及び発達並びにその自立が図られることその他の福祉を等しく保障される権利を有する」（児童福祉法第１条），「児童に関するすべての措置をとるに当たっては，公的若しくは私的な社会福祉施設，裁判所，行政当局又は立法機関のいずれによって行われるものであっても，児童の最善の利益が主として考慮されるものとする」（子どもの権利条約第３条第１項）などの規定を実現することです。

　「すべての子どもを社会全体で育む」とは，保護者の適切な養育を受けられない子どもを，公的責任で社会的に保護・養育するとともに，養育に困難を抱える家庭への支援を行うことをいいます。児童福祉法では，子どもの養育の第一義的責任を保護者に課しつつも，国や地方公共団体にも，同様に養育の責任を課しています。さらに，国民には努力義務として課しています（表１-２）。

6

表1-2　児童育成の責任（児童福祉法第2条）

第1項　全て国民は，児童が良好な環境において生まれ，かつ，社会のあらゆる分野において，児童の年齢及び発達の程度に応じて，その意見が尊重され，その最善の利益が優先して考慮され，心身ともに健やかに育成されるよう努めなければならない。
第2項　児童の保護者は，児童を心身ともに健やかに育成することについて第一義的責任を負う。
第3項　国及び地方公共団体は，児童の保護者とともに，児童を心身ともに健やかに育成する責任を負う。

3 │ 社会的養護の原理

　前項に示した施設種別ごとの運営指針では，社会的養護の共通の原理として，①家庭的養護と個別化，②発達の保障と自立支援，③回復をめざした支援，④家族との連携・協働，⑤継続的支援と連携アプローチ，⑥ライフサイクルを見通した支援，の6つを掲げています。社会的養護の実践においては，この6つの原理を意識した取り組みが必要です。ここでは，その意味を簡単に紹介しておきますが，詳しくは第8章で学習します。

（1）家庭的養護と個別化

　子どもは，安心と安全を実感できる場で，できるだけ安定した大人との関係の下で育つことが必要です。社会的養護サービスを利用する子どもには，安心と安全を実感できる場での生活経験が少ないものが多くいます。このような状況を受け止め，一人ひとりに合った援助（個別化）を実現するには，家庭的養護体制が必要です。それをより実現する可能性があるのが，家庭養護です。

（2）発達の保障と自立支援

　子どもは，育てられる存在であると同時に，自ら育つ力をもつ存在でもあります。育ちとは，発達という言葉で言い換えることも可能です。「育ち，育てられる関係」を通じて，子どもは成長発達し，自立していきます。子どもたちの育ちの目標は，自立にあります。社会的養護サービスを利用する子どもたちにおいてもこれは同様です。すなわち，社会的養護の目標は，発達の保障と自

立ということです。

（3）回復をめざした支援

　社会的養護を必要とする子どもの中には，虐待体験や分離体験などにより，心身にさまざまな傷を負っているものも少なくありません。このような経験は，自己肯定感を低くさせ，時には，生きていることの意味を否定したり，自暴自棄になったりすることもあります。社会的養護サービスのもとで生活している子どもたちの支援では，自己肯定感を取り戻し，「生きていていいんだ」「自分のせいで，家族の問題が発生しているのではない」など，前向きに生きていく力を回復するための取り組みが必要です。

（4）家族との連携・協働

　社会的養護の目標は，家族との関係の再構築にあります。実践においては，保護者の生きる力の回復や支援をしつつ，親子関係を再構築していくための取り組みが必要となります。親子関係の再構築とは，一緒に住むことだけを指すのではありません。親子の心理的関係を維持しながら別々に暮らすことも再構築の形態の一つです。

（5）継続的支援と連携アプローチ

　社会的養護の支援はどこまで必要かということに対する結論を出すことはなかなか困難です。支援においては，その始まりからアフターケアまでの「継続性」と，できる限り特定の養育者による養育の「一貫性」が望まれます。また，そのプロセスでは，特定の養育者あるいは少数の養育者グループを核にした，他機関・他資源との連携による取り組みが求められます。

（6）ライフサイクルを見通した支援

　子どもはやがて成人し，社会生活を営む必要があります。たとえば，就労の安定，家族の形成，子育てする親としての養育能力などは，社会的養護の下で

育つ子どもには，一般の家庭で育つ子どもよりも，より重要となります。

　さらに，子ども期の育ちという視点のみならず，その子が大人あるいは親になった時の生活を意識した見守り体制と，社会的養護システムとを，どのように連続あるいは継続させていくかという視点が求められるということです。いわゆる，切れ目のない支援です。

③ 社会的養護問題および政策の特徴

　わが国の社会的養護施策および実践は明治期に始まり，100年以上の歴史をもって，その成果を蓄積してきました。しかしながら，近年の間に，社会的養護問題は大きく変化しました。また，国際動向も含め，社会的養護のあり方も大きく変化しています。第2章以降での学習を深めるために，わが国の社会的養護問題および施策展開の特徴を4点だけ整理しておきます。

1 複雑な問題を抱えての入所

　「単純養護」という言葉が使われていた時代があります。これは，「親が突然亡くなった」「父子家庭となって，子どもの世話ができない」「親が長期入院して，子どもの世話ができない」など，問題が複雑ではなく，かつ多くが保護者の問題として現れている状況をいいます。

　最近では，このような単純な構造で発生する社会的養護問題は少なく，子ども虐待に代表されるように，親子関係がこじれた状態，あるいは心が傷ついた状態で入所する子どもが増えています。それが，非行となって現れる場合もあります。さらに，これが世代を超えて継続するなど，社会的養護問題の発生のメカニズムがかなり複雑になっています。

　そうすると，子どものケアは，単なる養育に留まらず，心のケア，医学的ケアなど，多様な取り組みが必要となります。養育を最初からやり直すという意味で，「育て直し」という言葉もケアの現場では使われることがあります。

　また，子どもへの取り組みだけでは問題は解決しません。保護者へのケア，

表1-3　生まれてきた意味

| 人は意味もなく生まれてくるんですか？ |
| 大人なら親なら知っているはず |
| 自分たちの子どもが大切なら |
| 生まれてきた意味ぐらい教えてよ |
| 私たちまだ子どもだけど |
| 興味を持つことってあるんです |
| 生まれてきた意味ってなんですか |
| 私は親が大切だから |
| お父さんに会いたくて生まれたと思う |
| 私はこれからもずっと |
| 親と学園の先生と友達と兄弟で |
| 一緒に生きていきたいです |

出所：全国社会福祉協議会・全国児童養護施設
協議会『季刊　児童養護』38(2)，2007
年，裏表紙より。

親子関係の再構築など，社会的養護現場での取り組みは非常に多様化，専門化しています。

2　全体をつかむことの大切さ

　子ども家庭福祉問題の分類といえば，社会的養護，子ども虐待，非行，障害，保育，子育て支援などがよく見られます。しかしながら，生活者としての子ども（個人）あるいは家族の方から見ると，これらが完全に分断されて存在していることはまれです。むしろ，お互いに重複したり，関連しながら存在していることが一般的です。たとえば，「子育て不安が大きくて，時々声を荒げてしまう親」がいるとしましょう。これが子育て支援の問題なのか，社会的養護問題なのかを区別することは困難ですし，分類する意味もありません。

　何が原因で，何が結果なのかを明確にすることもなかなか困難です。たとえば，「食事をほとんど作ってもらえないためにコンビニで万引きをする」「家にいると殴られるから深夜徘徊する」といった状況は，現象としては非行として現れていますが，その子どもの育ちの事情を考えると，むしろ虐待の被害者という見方の方が適切かもしれません。子ども時代に虐待を受けて育った親が，虐待と子育ての区別がつかず，再び虐待をしてしまうという事例も同様です。

　子ども虐待の定義との関係も注意する必要があります。各種調査や統計では，身体的虐待，心理的虐待，性的虐待，養育放棄（ネグレクト）が独立して扱われ，それぞれが「○○％」という形で示されることがよくあります。しかし，子どもの立場で考えると，これらを別々に考えることができないことに気づきます。「ある日は身体的虐待が行われていたが，別の日はネグレクトが行われる」などはよくあることです。また，「性的虐待を受けている子どもは，心理

写真1-1　みんなで晩ご飯（児童養護施設での一コマ）

的な虐待を同時に受けている」といっても過言ではありません。

　社会的養護の問題は，子どもの生活の中で起こっている出来事であり，これらを独立してとらえるのではなく，全体としてとらえることが必要なのです。

3 │ 施設養護中心のサービス展開からの脱却

　わが国では，子どもの養育は家族で行うもの，という考え方が強くあったため，社会的ケアは，家族での養育ができなくなってから提供されるという考え方が根強くありました。さらに，社会福祉法人制度を導入することで，集団ケアの整備を促進してきたため，親子分離型のサービスは，施設養護サービスを中心とした展開となっています。

　里親や特別養子縁組など，家庭をベースとしたケア中心の社会的養護体制は，児童の権利に関する条約でも求められているところですが，図1-1に示すように，わが国の里親等委託率は2019年度末で21.5％にすぎません。なお，2021年度末の値は23.5％となっており，増加傾向にあるものの，依然として他国と比べると低い値となっています。

　障害児福祉施設については，障害者総合支援法（障害者の日常生活及び社会生

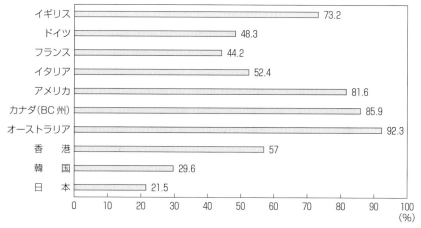

図1-1 各国の要保護児童に占める里親委託児童の割合（2018年前後の状況）

注：(1) 「乳幼児の里親委託推進等に関する調査研究報告書」（令和2年度厚生労働省先駆的ケア策定・検証調査事業）。
    (2) 日本の里親等委託率は，令和元年度末（2020年3月末）。
    (3) ドイツ，イタリアは2017年，フランス，アメリカ，カナダ（BC州），香港は2018年，イギリス，オーストラリア，韓国は2019年の割合。
    (4) 里親の概念は諸外国によって異なる。
出所：厚生労働省「社会的養育の推進に向けて」2022年。

活を総合的に支援するための法律）を核にして地域移行が進められ，入所施設の解消は進んでいます。しかし，特別支援学校までの体制はかなり整備されているものの，その後の地域生活を保障するサービスの整備はかなり遅れている状況です。

4 │ 在宅福祉サービスの整備にようやく着手

　ショートステイや相談・情報提供など，家庭での養育を支援するための社会的サービスが求められています。次世代育成支援対策推進法では，すべての都道府県および市町村に，数値目標を組み込んだ行動計画の策定を求めていますが，その中に社会的養護サービスの整備も含まれています。

　前項に示したように，わが国の社会的養護サービスは，施設養護中心に整備が進められてきました。その供給は，行政が直接行うか，社会福祉法人を中心に行われています。その結果，在宅福祉サービスの整備は遅れています。また，

行政が直接運営する時代ではなくなりつつあるため，安全で安心できる民間の供給主体が必要ですが，長い間，社会福祉法人は制度に保護されてきたため，柔軟な対応ができにくい構造となっています。

　在宅福祉サービスは，住民に身近なところで展開する必要があります。そのためには，社会福祉法人の柔軟性と創造性を高めるとともに，特定非営利活動（NPO）法人など，新たな供給主体の開拓も必要となります。

■本章のまとめ

　社会的養護の実践においては，子どもおよび保護者の生活の全体および生活史を十分に理解し，かかわっていくことが重要です。また，「かわいそうな子」「保護してあげなければいけない子」という見方ではなく，権利の主体として位置づけることも重要です。

■参考文献

厚生労働省・新たな社会的養育の在り方に関する検討会「新しい社会的養育ビジョン」2017年（https://www.mhlw.go.jp/file/05-Shingikai-11901000-Koyoukintoujidoukateikyoku-Soumuka/0000173888.pdf）。

ブローハン聡『虐待の子だった僕――実父義父と母の消えない記憶』さくら舎，2021年。

月刊福祉「My Voice, My Life」企画委員会（編）『My Voice, My Life ――届け！　社会的養護当事者の語り』全国社会福祉協議会，2022年。

現代社会に暮らす子どもと家庭

• • •

ポイント

1 現代社会に暮らす子どもとその家族
2 現代日本社会の中で子どもを生み育てることの意味
3 子どもとその家族への支援において求められる発想の転換

［1］ 現代の日本社会

　みなさんは，自分たちが暮らす現代社会をどのような社会と感じているでしょうか。この本を手にする人の中には，「平成の大不況」（1991～2002年）といわれる時代以降に生まれ，「景気」の波を感じたことのない人も多いでしょう。平成の時代には，昭和のように戦争を経験することはありませんでしたが，地震などの大きな自然災害や，海外の経済ショックに見舞われ，それは令和にも引き継がれました。また令和になって新型コロナウイルス感染症の世界的流行にも見舞われ，文化，経済，政治など人間の諸活動，コミュニケーションが，国や地域などの地理的境界，枠組みを越えて地球規模で影響しあっていることを実感することになりました。現在社会は，経済的な成長が重視された時代から，持続可能な社会の形成に向けて，新たな価値が求められています。

1 ┃ 物質的に豊かな生活

　国民の経済的な豊かさを表す指標には，一人当たりの実質 GDP というものがあります。GDP（Gross Domestic Product：国内総生産）とは，国内で新たに生産されたモノやサービスの付加価値の合計額であり，実質 GDP とは，物価変動の影響を排除して推計した GDP のことを指します。この数値により，経

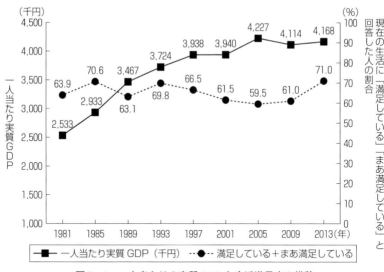

図 2 - 1　一人当たりの実質 GDP と生活満足度の推移

資料：内閣府「国民経済計算確報」,「国民生活に関する世論調査」より作成。
出所：環境省『環境白書・循環型社会白書・生物多様性白書 平成27年版』2015年, p. 14.（https://www.env.
　　go.jp/policy/hakusyo/h27/img/fb1_1_1_23.g）。

済活動の水準の変化を測ることができます。図 2 - 1 の一人当たりの実質 GDP
を見てみると，1981年から2013年まで，緩やかではありますが上昇傾向にあり
ます。すなわち，現代の日本社会は，経済的に豊かな社会であるといえます。
一方「あなたは生活全般に満足していますか。それとも不満ですか」に対して
5 段階で評定されたうち，「満足している＋まあ満足している」と回答した人
の割合は，1985年を境に満足度の評価が緩やかに下がり続けていましたが，
2013年には回復しつつあります。一人当たりの GDP が低かった1981年に
63.9％，1985年に70.6％であったのに対して2013年は71.0％と，生活満足度は
大きくは変化していません。すなわち，経済的な豊かさと生活満足度は正の相
関関係にはなく，経済的に豊かになることが，生活満足度にはつながっていな
いことがわかります。
　このような現象を「幸福のパラドクス」といいます。これは，国際的な規模
で進められている幸福の意識調査をもとに提起されたもので，ある程度の所得

水準に達するまでは，所得の上昇は人々の幸福の増大をもたらすが，その後は所得が上昇しても，幸福になったと考える人々の割合は上昇しないことがわかっています。現代の日本社会では，この「幸福のパラドクス」が起きています。この「幸福のパラドクス」に関する議論は，一人当たりの実質 GDP の，人々の生活の質や幸福度を測る指標としての妥当性を見直すきっかけとなりました。

2 ウェルビーイング（well-being）な生活

　国の豊かさや生活水準を測る「ものさし」として，これまで主に一人当たり実質 GDP などといった経済指標が使われてきました。しかし，近年，そのような指標のみでは人々の生活の質や豊かさについて把握するには，不十分であるという問題意識から，新たな指標が提案されています。その一つが OECD（経済協力開発機構）が，2011年に示した「より良い暮らし指標（Better Life Index：BLI）」です。「より良い暮らし指標（BLI）」は，暮らしの11の分野（①所得と富，②住宅，③雇用と仕事の質，④健康，⑤知識と技能，⑥環境の質，⑦主観的 well-being，⑧安全，⑨ワーク・ライフ・バランス，⑩社会的つながり，⑪市民参画）で構成され，国際比較もできるようになっています。一人ひとりの暮らしの充実や幸福（ウェルビーイング：well-being）が，社会全体の幸福（well-being）につながると考えられています。図2-2は，OECD 加盟37カ国にブラジル，ロシア，南アフリカを加え，合わせて40カ国の「より良い暮らし指標（BLI）」と比較した，相対的な日本の強みと弱みを示しています。

3 少子高齢化する社会

　少子化の指標としてよく用いられるものに，合計特殊出生率があります。合計特殊出生率とは，15歳から49歳までの女性の年齢別出生率の合計で，一人の女性が一生の間に生む平均子ども数を表しています。1947年から1949年の第1次ベビーブームといわれた時代以降，合計特殊出生率は低下しましたが，1971年から1974年の高度経済成長期付近で，第2次ベビーブームを迎えます。しかし，その後再び合計特殊出生率は低下し，少子化の一途をたどりました。2005

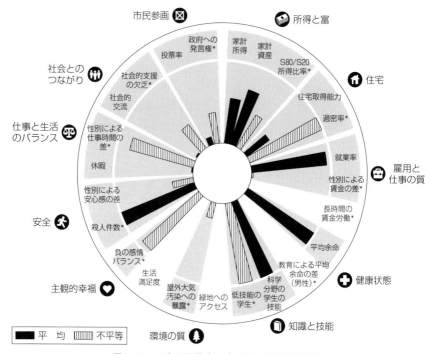

図2-2　日本の平均幸福度：強みと弱みの比較

注：このグラフは，各幸福度指標について他のOECDメンバー国と比べた相対的な日本の強みと弱みを示している。
　　線が長い項目ほど他国より優れている（幸福度が高い）ことを，線が短いほど劣っている（幸福度が低い）こと
　　を示す（アスタリスク＊がつくネガティブな項目は反転スコア）。不平等（上位層と下位層のギャップや集団間
　　の差異，「剥奪」閾値を下回る水準の人々など）はストライプで表示され，データがない場合は白く表示されて
　　いる。

出所：OECD『How's life in Japan 日本の幸福度』2020年，p.1.

　年の1.26を機に上昇に転じましたが，2022年には再び1.26に低下し，依然低い
数値を示しています（図2-3）。

　一方，高齢化の指標としてよく用いられるのは高齢化率であり，総人口に占
める65歳以上の人口の割合のことを指しています。2000年の国勢調査以降，65
歳以上の高齢人口が，0歳から14歳以下の年少人口を上回っています。総人口
および年少人口が安定または減少する中で，高齢人口が相対的に増加していく
ことによって，高齢化率が急上昇する結果となっています。そして，2022年に
日本の高齢化率は29.0％となり，世界に類を見ない超高齢社会といわれる水準

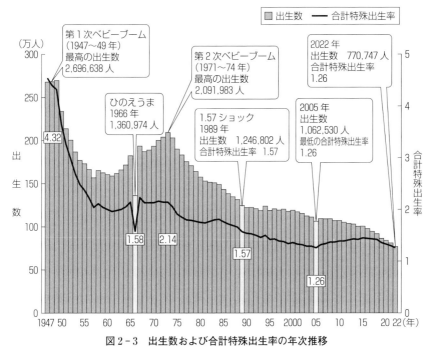

図 2-3　出生数および合計特殊出生率の年次推移

注：1947～1972年は沖縄県を含まない。
出所：厚生労働省「人口動態統計」2022年より筆者作成。

に到達し，今後も高齢化が進行する状況です。医療福祉のあり方をはじめ，社会保障などこれまでの制度や体制では対応しきれない問題も出てくるでしょう。少子化による現役世代の減少，人口減少に伴う経済成長の低迷の問題も避けることができない課題に挙げられます。

②　日本における子どもと家族の置かれた現状

1 ┃ 子どものいる家族の形

　1920年の第 1 回国勢調査以降，1955年までは一世帯約 5 人の規模が平均でした。それ以降，一世帯当たりの平均人員は減少し，特に1960年以降は出生率の

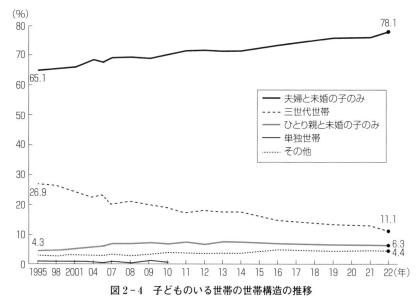

図2-4　子どものいる世帯の世帯構造の推移

注：2011年以降は「単独世帯」は「その他の世帯」に含まれている。
出所：厚生労働省「国民生活基礎調査」より筆者作成。

低下と核家族化の進展によって，世帯の規模は急激に縮小しました。現在日本で一番多いのは「単独世帯」であり，2020年の国勢調査では，総世帯の約4割近くを占めています。

　子どものいる世帯に注目すると，2022年における子どものいる世帯構造は，「夫婦と未婚の子のみの世帯」が78.1％，「三世代世帯」が11.1％，「ひとり親と未婚の子のみの世帯」が6.3％となっています（図2-4）。1995年と比べると，「夫婦と未婚の子のみの世帯」は1.19倍，「三世代世帯」は0.41倍，「ひとり親と未婚の子のみの世帯」は，1.46倍に変化しています。変化率で考えると，三世代世帯の減少と，ひとり親世帯の増加が顕著であるといえます。

　ひとり親世帯の中でも，特に母親と未婚の子のみの母子世帯が増加しており，

▷1　アメリカの人類学者マードック（Murdock, G. P.）によって作られた専門用語。家族の核となる最小基本単位は，夫婦と未婚の子どもであり，この最小基本単位のみで構成される家族を核家族と呼ぶ。そして，夫婦と未婚の子ども以外の成員を含む家族を拡大家族という。

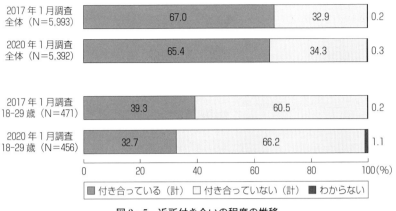

図2-5　近所付き合いの程度の推移

注：(1)　内閣府「社会意識に関する世論調査」により作成。
　　(2)　「あなたは地域での付き合いをどの程度していますか」との問に対する回答。
　　(3)　付き合っている（計）：問に対し，4件法で「よく付き合っている」又は「ある程度付き合っている」
　　　　と回答した合計数。
　　(4)　付き合っていない（計）：問に対し，4件法で「全く付き合っていない」又は「あまり付き合っていな
　　　　い」と回答した合計数。
出所：消費者庁『消費者白書』2022年．p.42.

1995年の48万3,000世帯から2021年には119万5,000世帯となっています。父親と未婚の子のみの父子世帯は，8万4,000世帯から14万9,000世帯となっています。さらに母子世帯については，平均年間収入が子どもがいる世帯全体の平均年間収入と比べて半分以下（厚生労働省「令和3年度全国ひとり親世帯等調査」），父子世帯についても約75％にとどまり，ひとり親世帯の厳しい生活状況がわかります。

2｜地域との新たなつながり

　現代社会は，子どものいる家族の多くが，子どもと夫婦またはひとり親世帯となり，規模を縮小しただけでなく，地域社会とのつながりも希薄化しています。内閣府の「社会意識に関する世論調査」によると，「地域の付き合いをどの程度しているか」という問に対し，全体の年齢層の2017年では，「付き合っている」（よく付き合っている・ある程度付き合っている）は67.0％，「付き合っていない」（全く付き合っていない・あまり付き合っていない）は32.9％でした。

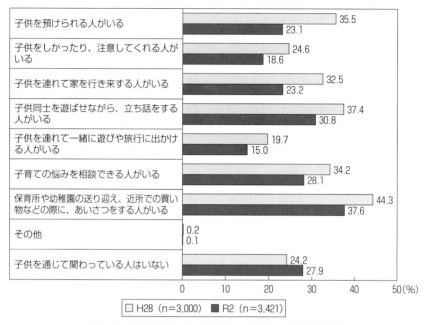

図2-6　子どもを通じた地域とのつながり（複数回答可）

出所：インテージリサーチ「令和2年度『家庭教育の総合的推進に関する調査研究――家庭教育支援の充実に向けた保護者の意識に関する実態把握調査』報告書」2021年（https://www.mext.go.jp/content/20210301-mex_chisui02-000098302_1.pdf）。

2020年は「付き合っていない」と回答した人の割合が少し増加しています（図2-5）。これを，18-29歳でみると，「付き合っていない」と回答した人の割合は共に6割で，特に2020年では5ポイント以上増加しており，若者の地域との付き合いが減少していることがわかります。

その一方で，2021年の子どもをもつ保護者を対象とした家庭教育に関する国の調査では，「子育てに対する地域の支えの重要さ」として，男女とも約7割が「重要だと思う（「とても重要だと思う」と「やや重要だと思う」の合計）」と感じています。2020（令和2）年の子どもを通じた地域とのつながりでは，「保育所や幼稚園の送り迎え，近所での買い物などの際に，あいさつをする人がいる」「子供同士を遊ばせながら，立ち話をする人がいる」「子育ての悩みを相談できる人がいる」の順で多くなっています。また，2016年と2020年の調査結果

を比べると，ほとんどの項目で「重要だと思う」が低下しています（図2-6）。

③　子どもを生み育てることの意味

現代社会において，「子どもを生むこと」「子どもを育てること」は，選択可能なライフスタイルの一つと考えられるようになりました。結婚し，子どもを生んで，マイホームをもち，休日は家族でお出かけをするというライフスタイルが主流であった時代は過去のものとなりつつあります。結婚はするが子どもは生まない家族，夫婦別姓や事実婚など法的根拠のない婚姻関係を選択する家族，地域や親族付き合いがなくなり都会の中で点のように暮らす核家族がいる一方，「イエ」制度や地域社会の縁故関係の中で生きる家族もあります。このように現代の日本社会は「家族」といえども，一様な集団をイメージすることが難しくなっています。

1 ｜ 結婚することの意味

独身者に実施した「結婚と出産に関する全国調査」によると，「結婚することの利点」として挙げられている項目の中で，男性・女性の両方において高い割合となっているのは，「子どもや家族をもてる」です。2021年には男性では31.1％が，女性では39.4％の人が「子どもや家族をもてる」ことが結婚することの利点であると回答しています（図2-7）。

また，「結婚・出産・仕事をめぐる女性のライフコース」について，女性には理想とするライフコース，男性にはパートナーとなる女性に望むライフコースをたずねたところ，「結婚し，子どもを持つが，仕事も続ける」という両立コースが女性で34.0％，男性で39.4％と，男女ともに最多となっています。その次に，「結婚し子どもを持つが，結婚あるいは出産の機会にいったん退職し，子育て後に再び仕事を持つ」という再就職コースの割合が男女共に高く，「結婚し子どもを持ち，結婚あるいは出産の機会に退職し，その後は仕事を持たない」という専業主婦コースは，男女共に急激に減少しています。一方，「結婚

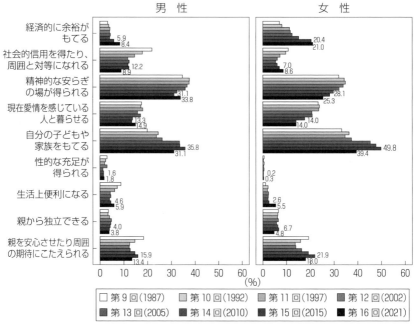

図2-7 独身者の考える結婚することの利点

注：18〜34歳未婚者のうち何％の者が，各項目を主要な結婚の利点（二つまで選択）として考えているかを示す。
出所：国立社会保障・人口問題研究所「第16回出生動向基本調査（結婚と出産に関する全国調査）──独身者調査の結果概要」2022年。

せず，仕事を続ける」という非婚就業コースや，「結婚するが子どもは持たず，仕事を続ける」という DINKs（Double Income No Kids）コースの希望が増加しています（図2-8）。

これら2つの調査結果から，多様性が重視される社会の中でも結婚後に，「子どもを生む」というライフコースを望む人が依然として多いことがわかります。初婚平均年齢が高くなり晩婚化が進んでいる現在，晩産化（高齢で第1子を生む女性が多い傾向にあること）による妊娠・出産のリスクも高まっています。このことは，昨今の高度生殖医療の発展によって，自然妊娠以外の選択をする夫婦が増えていることとも重なるところがあります。

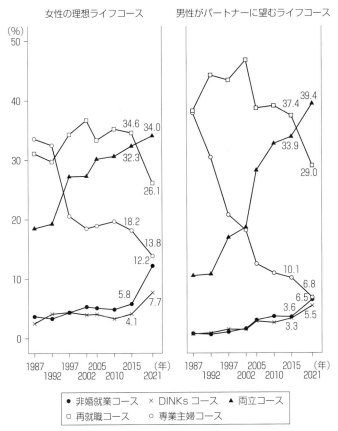

図 2-8　結婚・出産・仕事をめぐる女性のライフコース

出所：図 2-7 と同じ。

2 │ 性別役割分業意識と子育て

　高度経済成長期を経て，男女とも高学歴化した現代日本の家族において，従来の夫婦のあり方とは変容してきているといわれています。特に，「男性は職場で働き，女性は家庭を守る」という性別役割分業意識は，1972年の男女雇用機会均等法の制定や1999年の男女共同参画社会基本法の制定に伴い，政策や国家のレベルで，男女共同参画型の家族意識に転換されるようになりました。

国立社会保障・人口問題研究所が，夫婦に対して実施した出生動向基本調査「結婚と出産に関する全国調査」(2015年) によると，「結婚後は，夫は働き，妻は家庭を守るべきだ」という性別役割分業意識は，賛成27.3%（「まったく賛成」2.7%と「どちらかといえば賛成」24.6%を足したもの）に対して，反対69.0%（「まったく反対」27.4%と「どちらかといえば反対」41.6%を足したもの）となっています（図2‐9）。この調査結果からは，人々の意識のレベルにおいても，性別役割分業意識から男女共同参画型の家族意識に変化したといえます。

　同じ調査の中に，家族の中に幼い子どもがいる場合を想定し，人々の性別役割分業意識について質問しているものがあります。「少なくとも子どもが小さいうちは，母親は仕事をもたずに家にいるのが望ましい」という質問に対して，賛成63.7%（「まったく賛成」14.4%と「どちらかといえば賛成」49.3%を足したもの），反対32.5%（「まったく反対」10.2%と「どちらかといえば反対」22.3%を足したもの）となっています。1992年の調査と比較すると，賛成とする人が88.1%から63.7%に，反対とする人が10.1%から32.5%へと変化しています（図2‐10）が依然，母親に家事を求める傾向が残っています。

　同じ調査対象者にもかかわらず，「結婚後」と「子どもが小さいうち」では，正反対の結果が出ています。結婚に最も期待するものが「子どもをもつこと」や子育てと仕事を両立するライフコースを望んでいる結果となっている調査結果（図2‐7と図2‐8）と合わせて解釈すると，「結婚して子どもを生み，子どもが小さいうちは，母親は仕事をもたずに家庭を守ることが望ましい」と考えていることになります。これは，男女共同参画型の家族意識ではなく，性別役割分業に根ざしたライフスタイルを希望していることを示しています。子どもを育てる家族が望むライフスタイルの真実はどこにあるのでしょうか。男女共同参画社会や少子化対策，次世代育成支援対策と銘打ち，国を挙げて実施している子育てに関する対策が，本当に現代社会を生きる家族の助けになっているのか，家族の形が多様化する中で支援を受けることで子どもを育てる家族は自分たちの望む家族像に近づいていけるのか，注視していく必要があります。

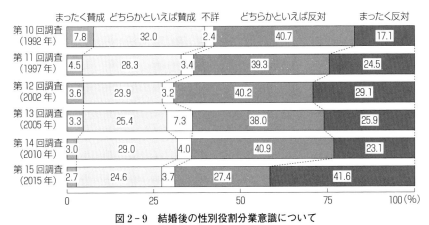

図 2-9　結婚後の性別役割分業意識について

出所：国立社会保障・人口問題研究所「第13〜15回出生動向基本調査（結婚と出産に関する全国調査）——夫婦調査の結果」より筆者作成。

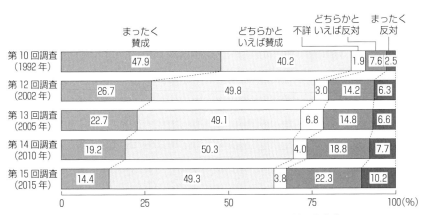

図 2-10　家族のなかに幼い子どものいる場合の性別役割分業意識について

出所：国立社会保障・人口問題研究所「第13・15回出生動向基本調査（結婚と出産に関する全国調査）——夫婦調査の結果概要」より筆者作成。

1 | 「こうのとりのゆりかご」が投げかけた問題

　熊本県にある医療法人聖粒会慈恵病院では，2005年より実施している24時間体制の「新生児相談室」における相談業務の一環として，2007年に「こうのとりのゆりかご」（以下，ゆりかご）という名のいわゆる赤ちゃんポストが設置されました。これは，ドイツの「ベビークラッペ」の実践例にならったもので，24時間いつでも匿名で赤ちゃんを預け入れることができる窓口です。病院1階の外壁には，横幅60 cm，高さ50 cm の赤ちゃんを預け入れるための窓口が設けられ，その窓を開けると，中に保温機能のついた特殊な大型保育器が置かれています。窓口の扉は自動ロックになっており，赤ちゃんを入れて閉扉すれば，外からは開かなくなります。窓口横の外壁にはナースステーション直通のインターホンが設置してあり，「いま，赤ちゃんを預けようとするお母さんへ，チャイムを鳴らす勇気を，ダイヤルを回す勇気を」というメッセージが掲示され，預ける前にインターホンを押して相談することを促しています。さらに保育器の中には，赤ちゃんを預けにきた人に宛てた手紙が入っており，後日でも相談できるよう配慮されています。医療法人聖粒会慈恵病院 HP 内に紹介されている「SOS 赤ちゃんとお母さんの妊娠相談」の相談業務のフローチャートは図2 - 11 の通りです。

　設置以来ゆりかごの窓口に預けられた子どもたちは，2007年5月から2009年9月までに51人，2009年10月から2011年9月までに30人，2011年10月から2014年9月までに20人，2014年9月から2017年10月までに29人，2017年9月から2020年10月までに25人いました。また，ゆりかごの設置に合わせて拡充した熊本県，熊本市，慈恵病院における妊娠や出産に関する悩み相談は，2022年に県が62件，市が1,005件あり，慈恵病院では2,799件でした。慈恵病院への相談は熊本県外からのものも多いといいます。ゆりかごの設置の是非については，制

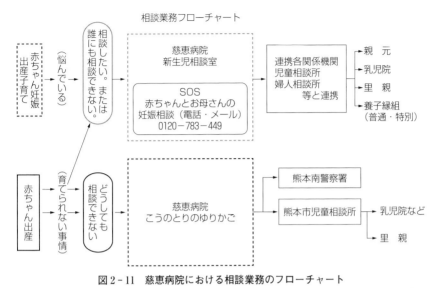

図 2 - 11　慈恵病院における相談業務のフローチャート

出所：医療法人聖粒会慈恵病院「SOS 赤ちゃんとお母さんの妊娠相談」(http.www.ninshin-sos.jp/yurikago_top/)。

度の法的根拠や子どもの人権などの観点から議論が続いていますが，ゆりかごが投げかけた課題から見えてきたことの一つには，現代社会が抱える子どもを生み育てることへの不安に，早急な対応を求められていることが挙げられます。熊本市では2010年より熊本市児童相談所を設置し，その後現在も，慈恵病院のみならず市全体での妊婦相談体制の充実をはかっています。

　妊娠中または乳幼児を育てる多くの母親やパートナーが，周囲の環境に不満や不安をもっていることを示すデータがあります（図 2 - 12）。こども未来財団および児童育成協会が実施した「子育て中の親の外出等に関するアンケート調査」の中で，2019年では「周囲や世間の人々に対してどのように感じていますか」という質問に，「子どもは国や社会の財産，社会全体で温かく見守る雰囲気が欲しい」(70.6%)，「男性も家事能力を高め，子育てに対する理解と協力が必要」(79.7%) と答えています。また，「社会から隔絶され，自分が孤立しているように感じる」人が40.7%，「温かく見守られたり，手助けされたりしていると感じる」ことができない人が12.9%あり，2010年よりも 8 ポイント近

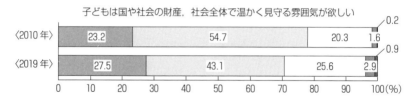

子どもは国や社会の財産，社会全体で温かく見守る雰囲気が欲しい

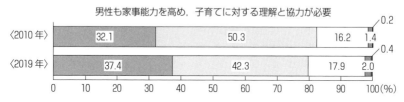

男性も家事能力を高め，子育てに対する理解と協力が必要

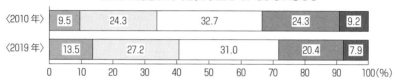

社会から隔絶され，自分が孤立しているように感じる

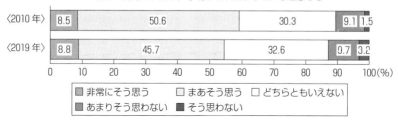

温かく見守られたり，手助けされたりしていると感じる

■ 非常にそう思う　□ まあそう思う　□ どちらともいえない
■ あまりそう思わない　■ そう思わない

図 2-12　子育て中の親は周囲の環境に不満や不安をもっている

注：(1)　「周囲や世間の人々に対してどのように感じていますか」との問いに対し，各項目について，「非常にそう思う」「まあそう思う」と回答した人の割合。
　　(2)　回答者は，関東エリアの30代既婚女性で，妊娠中もしくは出産後3年未満の人1,128人（2010年）・1,000人（2019年）と前述の条件に当てはまる配偶者（パートナー）をもつ男性228人（2010年）・600人（2019年）。
出所：こども未来財団「子育て中の親の外出等に関するアンケート調査［ダイジェスト］」2011年・児童育成協会「子育て中の親の外出等に関するアンケート調査［結果サマリー］」2020年。

く上昇しています。少子化対策の一環として，妊娠中や乳幼児を育てる養育者への子育て支援が整備され，各地方自治体には相談の窓口なども多数設置されるようになり，質的・量的拡充が行われました。しかし，実際に子育てしてい

る親の視点でみると，社会が無関心で冷たいように感じており，子育ての不安が軽減される傾向にないことを示しています。相談の窓口など支援やサービスを整備するだけでなく，子育てをする親自身が社会から見守ってもらえていると実感できるようにしていく必要があります。

2 | 家族のウェルビーイングと家族成員一人ひとりのウェルビーイング

　家族が家族としての機能を果たし，集団としての凝集性や適応力を兼ね備えた健康な状態にあることを，「家族のウェルビーイング」が実現されている状態であると表現できます。家族のウェルビーイングは，理念的には家族成員一人ひとりのウェルビーイングによって成立します。すなわち家族一人ひとりが健康で充実した生活を送ることで，集団としての家族のウェルビーイングも高まると考えられています。

　マズロー（Maslow, A. H.）は，人間の基本的欲求には「生理的欲求」（生命維持のための食欲・性欲・睡眠欲等の本能的・根源的な欲求），「安全の欲求」（衣類・住居など，安定・安全な状態を得ようとする欲求），「所属と愛の欲求」（集団に属したい，誰かに愛されたいといった欲求），「承認の欲求」（自分が集団から価値ある存在と認められ，尊敬されることを求める欲求），「自己実現の欲求」（自分の能力・可能性を発揮し，創作的活動や自己の成長を図りたいと思う欲求）があると言いました。健康で充実した生活とは，これらの欲求が充足されていることを指します。特に現代日本社会では，個人の「自己実現」に対する欲求が高まっており，老若男女を問わず，「自己実現」を志向する社会になっています。このことは子育て期にある家族も同様で，母親・父親であっても，家族役割以外に社会的場面で自己実現することが志向されています。特に子どもにばかり目が行き，過保護・過干渉によって子どもを親の自己実現の対象にすることへの反省から，働くことや個人的な趣味をもつこと，夢をもつことなどが，社会全体として促進されています。

　ここで「家族」という集団における家族成員個々の欲求充足を考えた場合，「家族」がプラスに働くばかりでなく，マイナスに働くこともあります。たと

えば，「生理的欲求」の一つである食欲，食事について考えてみると，一人分の食事を用意するよりも家族分の食事を用意する方が，食事の材料にかかる費用や食事づくりにかかる時間といったコストという観点から，より効率的に豊かな充足が得られます。この点においてはプラスの側面といえるでしょう。しかし，乳児を育てる家族をイメージしてもらうと，養育者の状況にお構いなく，子どもはお腹が空けば泣き，オムツを替えてほしければ泣きます。子どもの欲求を充足させるために，養育者が自分の欲求を後回しにする，我慢する，犠牲にすることが求められます。この状況における乳児と養育者の欲求充足を考えると，乳児にとって家族はプラスに働き，養育者にとってはマイナスに働いていることになります。つまり，「家族」は個々人の欲求充足においてはプラスの特質とマイナスの特質の両方の特性をもっているといえます。特に自分で欲求を充足することの難しい子どものいる家族では，家族成員全員の欲求充足を同時に実現することは不可能です。つまり，家族のウェルビーイングを実現することは，個々の家族成員のウェルビーイングの単純な足し算ではないのです。子どもを生み育てることには，それまでの自分の生き方を大きく転換させる必要があり，時には個人的な自己実現を諦めたり，後回しにするという覚悟が，「親になるということ」の出発点になる場合もあります。しかし，社会の中にこのようなメッセージはありません。母親・父親として家族の中で子育てするだけでなく，社会の中で活躍することも求められています。養育者には，多様な役割をバランスよく上手にこなすことが，社会より求められています。

　「仕事と生活の調和（ワーク・ライフ・バランス）憲章」や「仕事と生活の調和推進のための行動指針」（2007年）が策定されて以降，仕事と生活の調和の実現に向けて社会全体で積極的に取り組まれており，現在では，男女共同参画基本計画の大きな柱となっています。この憲章によると，「仕事と生活の調和が実現した社会とは，『国民一人ひとりがやりがいや充実感を感じながら働き，仕事上の責任を果たすとともに，家庭や地域生活などにおいても，子育て期，中高年期といった人生の各段階に応じて多様な生き方が選択・実現できる社会』である」と定義しています。その上で，関係者の役割について，①企業と

表 2-1　子どものいる家庭における仕事と生活の調和推進のための数値目標

項　目	計画策定時	現　状	目標値（期限）
第 1 子出産前後の女性の継続就業率	53.1% (2015)	69.5% (2021)	70% (2025年)
保育所等待機児童数	12,439人 (2020年 4 月)	2,944人 (2022年 4 月)	「新子育て安心プラン」 を踏まえ設定
放課後児童クラブの登録児童数	約130万人 (2019年 5 月)	約139万人 (2022年 5 月)	152万人 (2023年度末)
民間企業における男性の育児休業取得率	7.48% (2019)	13.9% (2021)	30% (2025年)

出所：「第 5 次男女共同参画基本計画における成果目標の動向」2023年 5 月。

働く者は，協調して生産性の向上に努めつつ，職場の意識や風土の改革，働き方の改革に自主的に取り組む，②国民は，自らの仕事と生活の調和のあり方を考え，家庭や地域の中で積極的な役割を果たす，③国は，社会的気運の醸成，制度的枠組みの構築，環境整備などの促進・支援策に積極的に取り組む，④地方自治体は，創意工夫のもとに地域の実情に応じた展開を図る，ことを示しています。

　行動指針は，企業や働く者への効果的な取り組みや，国や地方公共団体の施策の方針を示すものです。子どもを含む家族に直接かかわる内容としては，第 1 子出産前後の女性の継続就業率，保育サービスや放課後児童クラブの利用状況，男性の育児休業取得率，などの指標が挙がっています（表 2-1）。

本章のまとめ

　高度経済成長期以降，核家族化や少子化など家族形態の変化や家族機能の外部化などの機能の変化，それに付随して家族の関係性の希薄化を生みました。そして「バブル景気」後の長い不況を経験した現代の日本社会は，結婚することの意味や子どもを生み育てることの意味にさらなる変容をもたらしています。

第3章

子どもの権利

・ ・ ・

ポイント

1 人権としての子どもの権利
2 日常生活において「権利を尊重する」「権利が尊重される」こと
3 子どもの権利の実現に求められる大人や社会の姿勢

① 子どもの権利とは

1 │ 人権としての権利

「権利」というと，どのようなイメージをもつでしょうか。「権利を獲得する」という表現があるように努力し獲得するもの，「権利には義務が付随する」というように権利をもつことはそれに何がしかの義務や責任が生じるものであるという語感でしょうか。辞書などにおいても，権利の意味は「自分の意志によって自由に行ったり，他人に要求したりすることのできる資格・能力。一定の利益を自分のために主張したり，これを享受することができる法律上の地位」というような意味があり，対義語として「義務」が挙げられています。

　しかし子どもの権利は，子どもが自らの努力によって勝ち得るものでも，権利に付随する義務や責任を果たさなければ認められないものでもありません。つまり，子どもの権利は，すべての人が元来もっている基本的人権という意味で，子どもの人権のことを指しているといえます。

▷1　人間が，一人の人として存在するために，社会や国家などの制度に先行して，生まれながらにもっている権利のことを指す。日本国憲法において基本的人権の尊重は，国民主権（主権在民），平和主義と並ぶ三大原則の一つである。

2 │ 子どもの権利における大人の役割

　子どもの権利が，すべての人が元来もっている基本的人権と同じならば，わざわざ「子ども」に特化して，その権利を議論する必要がないと思うかもしれません。しかし，「子どもの権利」として固有に議論する必要があります。それは「子ども」は「大人」と比べて，社会構造の中では勢力の弱い存在だからです。

　勢力構造に関する理論によると，勢力の強さを決定する要因には，①社会規範，②社会資源の大きいもの（学歴・収入・職業的地位），③人間関係的要因（パーソナリティ）があるといわれています。①の社会規範とは，社会の中に深く根ざす伝統的な意識のことです。具体的には，「子どもは，大人（目上の人）に逆らってはいけない」「子どもは親の言うことを聞かなければならない」「子どもが大人に意見をするのは生意気だ」というような意識です。②の社会資源の大きいものについては，学歴・収入・職業的地位・ソーシャルサポート[2]の多さなど社会における利用可能な資源が大きい方が，物事の判断に必要な情報や財力などの力をもち，決定権をもちやすく，勢力が強くなりやすいといえます。③の人間関係的要因とは，支配的なパーソナリティ，従属的なパーソナリティといった，パーソナリティ要因に帰因する，感情的なものといえます。

　家族問題を抱えている家庭の中には，子どもが勢力を発揮し，その家族を動かしているような場合も考えられます。しかし多くの場合，社会構造の中で社会規範や資源の大きさによって，大人の方が力をもちやすい傾向にあります。すなわち子どもは大人との関係性から，社会の勢力構造の中で力が弱く，決定権をもちにくく，ともすると支配される従属的な存在になってしまう可能性をもっています。したがって，「子どもの権利」として特化してとらえることによって，大人がこの構造を踏まえ，子どもの権利を十分に考慮しなければならないことを示しています。

▷2　ある人が，自分を取り巻く家族・友人・地域社会・専門家・同僚などから受けているさまざまな援助のことを指す。

　「子どもの権利」では，権利行使のための義務や責任が子どもに生じるのではなく，子どもがその権利を行使できるよう準備する責任が大人に生じるのです。このことは，「子どもの権利」という言葉が，大人や社会の子どもに対するとらえ方を根本的に転換し，向き合い方の変化やかかわり方の改善を促すために必要なものであることを示しています。大人は子どもと対面すると，往々にして一人の人として出会う前に，「子ども」としてとらえてしまいがちです。子どもは，大人の所有物でも，従属物でも，弱い存在でもなく，一個の独立した人格をもつ存在であることを大人が常に確認する必要があるのです。

②　子どもの権利条約

1 ｜ 子どもの権利条約ができるまで

　子どもの権利保障について，国際的なレベルでの大人や社会の真剣な取り組みは，第一次世界大戦後の1924年，国際連盟による子どもの権利に関するジュネーブ宣言から始まります。ジュネーブ宣言では，子どもを未成熟な存在としてとらえ，大人や社会による保護と援助が必要であるという受動的な権利が中心でした。その後，第二次世界大戦後の1948年には，国際連合（以下，国連）により世界人権宣言が採択され，あらゆる人々の人権について考えられはじめ，1959年に「児童権利宣言」が国連総会で採択されました。この宣言では，先の子どもの権利に関するジュネーブ宣言の内容を発展させ，子どもの人権を具体的に保障する10項目が提案されました。さらにその後，1978年にポーランドから国連人権委員会に対して，子どもの主体的な権利を認める「児童の権利に関する条約」の草案が提出されました。翌1979年を「国際児童年」とし，国連人権委員会は，ポーランド案を検討し，最終草案を作成するための作業部会を設置し，1980年「国際的な子の奪取の民事上の側面に関する条約」（ハーグ条約），1985年「少年司法の運用のための国際連合最低基準規則」（北京ルールズ），1986年「国内の又は国際的な里親委託及び養子縁組を特に考慮した児童の保護

及び福祉についての社会的及び法的な原則に関する宣言」の採択を経て，1989年「児童権利宣言」採択30周年記念日の11月20日に，「児童の権利に関する条約」（以下，子どもの権利条約）が国連総会で採択されました。

2 | 日本における子どもの権利条約

　子どもの権利条約（Convention on the Rights of the Child）は，18歳未満を「子ども」と定義し，国際人権規約において定められている権利を子どもについても保障し，子どもの人権の尊重および確保の観点から必要となる詳細かつ具体的な事項を規定したものです。1989年の第44回国連総会において採択され，1990年に発効しました。日本は1994年に158番目に批准しました。2022年現在，196の国と地域がこの条約に締結しています。

　この条約は前文と本文54条からなり，「子どもの最善の利益の尊重」という理念を柱に，生存・保護・発達・参加という包括的権利を子どもに保障しています。各条文の見出しについては，表3‒1の通りです。子どもの権利条約の最大の特徴は，それまで日本において，児童福祉法（1947年）や児童憲章（1951年）の中で，子どもの福祉や幸福の実現のために考えられてきた子どもに対する愛護や保護といった受動的な権利だけでなく，意見を表明する権利や社会に参加する権利など，子どもの能動的・主体的な権利についても言及されている点です。もちろん子どもたちが発達・成長する上で，適切な環境が与えられることも重要ですが，子どもは有害なものや不適切なものから守られるだけの存在ではなく，子ども自身が能動的・主体的に自分の人生を生き生きと歩む存在であることが明文化されています。

　条約の第44条にもあるように，締約国は条約の趣旨に沿って子どもの権利を守っているかどうかを報告書にまとめ，「国連・子どもの権利委員会（CRC）」に提出し，審査を受け，改善点等の勧告を受けることになっています。日本は1994年に批准して以来これまでに，1996年，2001年，2008年，そして2017年に第4回・第5回の4度，外務省が中心となって作成した報告書を提出しました。その際，国連・子どもの権利委員会は，審査の精度を増すために，国内NGO

表3-1　子どもの権利条約　条文見出し一覧

前文
第1部
第1条　（子どもの定義）
第2条　（差別の禁止）
第3条　（子どもに対する措置の原則）
第4条　（締約国の義務）
第5条　（父母等の責任，権利及び義務の尊重）
第6条　（生命に対する固有の権利）
第7条　（登録，氏名及び国籍等に関する権利）
第8条　（国籍等身元関係事項を保持する権利）
第9条　（父母からの分離についての手続き及び子どもが父母との接触を維持する権利）
第10条　（家族の再統合に対する配慮）
第11条　（子どもの不法な国外移送，帰還できない事態の除去）
第12条　（意見を表明する権利）
第13条　（表現の自由）
第14条　（思想，良心及び宗教の自由）
第15条　（結社及び集会の自由）
第16条　（私生活等に対する不法な干渉からの保護）
第17条　（多様な情報源からの情報及び資料の利用）
第18条　（子どもの養育及び発達についての父母の責任と国の援助）
第19条　（監護を受けている間における虐待からの保護）
第20条　（家庭環境を奪われた子ども等に対する保護及び援助）
第21条　（養子縁組に際しての保護）
第22条　（難民の子ども等に対する保護及び援助）
第23条　（心身障害を有する子どもに対する特別の養護及び援助）
第24条　（健康を享受すること等についての権利）
第25条　（子どもの処遇等に関する定期的審査）
第26条　（社会保障からの給付を受ける権利）
第27条　（相当な生活水準についての権利）
第28条　（教育についての権利）
第29条　（教育の目的）
第30条　（少数民族に属し又は原住民である子どもの文化，宗教及び言語についての権利）
第31条　（休息，余暇及び文化的生活に関する権利）
第32条　（経済的搾取からの保護，有害となるおそれのある労働への従事から保護される権利）
第33条　（麻薬の不正使用等からの保護）
第34条　（性的搾取，虐待からの保護）
第35条　（子どもの誘拐，売買等からの保護）
第36条　（他のすべての形態の搾取からの保護）
第37条　（拷問等の禁止，自由を奪われた子どもの取扱い）
第38条　（武力紛争における子どもの保護）
第39条　（搾取，虐待，武力紛争等による被害を受けた子どもの回復のための措置）
第40条　（刑法を犯したと申し立てられた子ども等の保護）
第41条　（締約国の法律及び締約国についての有効な国際法との関係）

第2部	第3部
第42条　（条約の広報）	第46条　（署名）
第43条　（子どもの権利委員会の設置）	第47条　（批准）
第44条　（報告の提出義務）	第48条　（加入）
第45条　（子どもの権利委員会の任務）	第49条　（効力発生）
	第50条　（改正）
	第51条　（留保）
	第52条　（廃棄）
	第53条　（寄託者）
	第54条　（正文）

注：日本語訳の見出しは，外務省HP「児童の権利条約」（http://www.mofa.go.jp/mofaj/gaiko/jido/midashi.html）より引用（一部修正）。条約の理解と検索の便に供するために，外務省が参考として附したものである。

39

団体などにもカウンターレポート[3]の提出を求めており，日本では，日本弁護士連合会，子どもの権利条約市民・NGO 報告書をつくる会，子どもの人権連（子どもの人権保障をすすめる各界連絡協議会）等が提出しています。報告書には，子どもの権利にかかわる状況，条約の規定する権利実施のためにとった措置，2度目以降の報告書には前回の勧告を踏まえての改善点等を記述することになっており，その後審査を受け，委員会からの最終見解として肯定的側面や懸念事項，提案および勧告を受けます。今後も，条約に基づき10年ごとに報告書を提出することになっており，その内容および委員会からの最終見解は外務省のウェブサイトで紹介されています。これらの文書を積極的に普及させると同時に，子どもに対する一般的な態度そのものを転換することが求められているといえます。

③　子どもの権利をどうとらえるか

1 ｜ 子どもの権利に対する誤解

　前節でも説明したように，国際的な基準からは，日本は子どもの権利を十分に尊重できているとは言いがたい状況にあります。子どもの権利条約を批准して長い年月が経つにもかかわらず，子どもの権利実現には程遠い現状であることはとても残念なことです。それはなぜか，今後どのような対応が求められるのかを考えるにあたり，日本の社会風潮の中にある子どもの権利をめぐる誤解について整理しておきます。

（1）恵まれない子どものためのもの
　子どもの権利といった場合に，苦境に立たされている子どもたちを保護するために存在しているという誤解があります。開発途上国における飢えや病気に

▷ 3　国連の専門機関や NGO（非政府組織・市民団体など）が，情報や統計値などをまとめた報告書のことであり，政府報告書に対して対抗報告書（カウンターレポート）と呼ぶ。

よって死んでしまう子どもたち，学校に通うことができず労働を強いられる子どもたち，貧困のために売買される子どもたち，こうした子どもたちを救うために子どもの権利条約は存在しており，こういったことと無縁な日本の子どもたちには関係のないことだと思う人が少なくありません。また日本国内においても，今なお貧困に苦しんでいたり，十分な教育が受けられなかったり，虐待やいじめなど緊急的な苦境に立たされ，心身の健康が侵害されている子どもたちに保障されるものであり，「普通」の子どもたちには関係のないことだという印象をもつ人もいます。「昔」に比べたら，物質的に豊かになり，何不自由なく暮らせる日本においては，無関係なことだと考える人もいるかもしれません。これは，子どもの権利に対する大きな誤解です。このことは，子どもの権利条約の条文を詳しく読めば，容易に解決できることです。子どもの権利は他国や過去，他者との比較によって相対的に測ることのできるものではないのです。一人ひとりの子どもに与えられたものであり，健康で安心して生活できる環境の中で，自分のもっている力を十分に発揮して生き生きと生きていくための権利なのです。したがって，日本の子どもたちの現在の生活を起点に，子どもたちがよりよく生きていくための環境の整備が求められているのです。

（2）権利はわがままにつながる

　2つ目の誤解は，「子どもは問題を起こす困った存在」という子ども観から発生している考え方で，子どもには権利を与える前に義務や責任を果たすことを指導することが重要であるというものです。大人や社会が子どもに対して使う義務や責任の内容は，社会のルールや道徳を守ること，倫理や責任感，社会性を身に付けるといったことを指しています。「子どもの権利ばかりが強調されると，子どもが自分の権利ばかりを主張して親や教師など大人の意見に従わなくなる」「子どもであっても，問題を起こした時には，その責任をとるべきだ」「子どもに権利を与えることは，『甘やかし』につながり，ひいては子どもたちが好き勝手な行動をするようになる」という意識です。これは子どもに限らず，「権利」という言葉に付随する誤ったイメージにも関連しています。「権

利」という字のもつ語感から，「権利」を主張する人は，自分の利益ばかりを追求するわがままな人というイメージが，日本の社会の中に波及しているからです。さらに昨今世間を震撼させるような子どもによる犯罪が起き，この考え方が社会の中で大きく取り上げられるようになりました。子どもであっても法を犯したのだから，その責任は負うべきであると考えられ，2000年には少年法の改正によって，子どもたちの起こす犯罪や非行を防止する有効な対策として，厳罰化の方向へと動きました。

　しかしここで考えてほしいのは，生まれた時から「わがまま」であったり，「犯罪」「非行」といった問題を起こす子どもたちはいないのです。子どもたちは大人が形成した社会や環境の中で育ちます。その過程で顕在化した出来事は，子どもたちだけのせいなのでしょうか。子どもたちだけが責任や義務を果たさなければならないのでしょうか。必要なことは，どうしてそのような行動をとらざるを得なかったのか，大人の形成した社会や環境と子どもたちの間にどのような齟齬が発生し，そのような行動につながったのかということを踏まえ，対策を講じることなのです。したがって大人や社会の考える子どもたちの問題行動は，自分たちによって作り出されたものであり，あえてその責任を問うならば，大人や社会に求められるはずです。

2│関係性の中で「子どもの権利」をとらえる

　子どもの権利は，家庭や学校など，子どもたちの生活を取り巻く環境において，どのような権利が認められ，どのような権利が認められないかについて，あらかじめ決まっているわけではありません。むしろマニュアル化して決めることができないものといえます。時には大人が一方的に（良かれと思って）決めてしまっている場合や，子どもが大人に要求してよいことと，要求してはいけないことが，暗黙の了解のうちに決まっている場合があります。これは，大人の管理的な働きかけであり，子どもの権利を尊重したことにはなりません。

　では，子どもの権利について，どのような価値や態度をもって考え，実践していけばよいでしょうか。それには，大人だけでなく子どもを含むすべての人

の意識改革が必要です。子どもの権利を，子どもが健康で安心して生活できる環境の中で，自分のもっている力を十分に発揮して生き生きと生きていくための権利ととらえるならば，子どもの権利実現のための実践は，子どもが成長し自立していく過程を大人や社会が伴走するというイメージが一番近いといえます。子どもが健康で安心して生活できる環境を大人や社会が用意してあげようという感覚ではなく，子どもが健康で安心して生活できるような環境を，子どもとともに形成していこうという意識が重要です。そのためには，大人と子どもが誠実なコミュニケーションを繰り返す中で，関係性を構築し，関係性の中で権利が見出されることが必要です。権利は，個人の中に存在するものではなく，他者との関係性の中に存在するものです。つまり権利の実現は，他者同士が誠実な関係性を生きる中で，結果的に達成されるものといえます。子どもの権利は，大人と子どもどちらか一方の考える，あるべき姿や望む姿を押し付けたり，一方の価値に偏るのではなく，関係性を継続していく中で実現していくものです。したがって，子どもの権利の実現を実践していくことは，子どもと大人が誠実なコミュニケーションを展開し，お互いを理解するところから始まるといえます。

3 ｜ 日常の生活場面における子どもの権利の実現

　日常の生活場面において，関係性の中で子どもの権利を実現することについて考えてみましょう。

　家庭場面については，スーパーマーケットに買い物に出かけた際，子どもがおもちゃを欲しがり駄々をこね，床に寝そべって大声で泣き叫んだとします。この状況で養育者が子どもに対して，叩いて言うことを聞かせたり，手を強引に引っ張り，子どもを引きずってその場を離れたり，「言うこと聞かないのなら置いていくわよ！」と脅迫的な声かけをして子どもを試すことがあります。これは，養育者が床に寝そべって大声で泣く子どもの対応に困り，その場にいる他者の冷たい視線に耐えられない，恥ずかしいといった，自分の感情に基づく行動といえます。この時，養育者は子どもと向き合っているのではなく，自

分の感情や周囲の人と対峙して，その場を何とか切り抜けようとしているのです。養育者の方で，子どもはスーパーマーケットではお行儀よく，買い物に最後まで付き合うべきだという，望ましいあるべき姿が決まっており，それに沿わない子どもの行動は許容されません。子どもは養育者の都合のよい付属物ではないので，養育者の思う通りに動かないのは当たり前のことなのです。子どもにとって，スーパーマーケットは刺激となるものが多く，目新しい遊び場と感じるかもしれません。子どもは子どもなりにスーパーマーケットで自己実現しています。ここでは，自分の欲しい物を選択し，獲得するという行為です。そのこと自体は問題ではなく，欲しい物を要求する手段として，床に寝そべって大声で泣き叫ぶという行動が不適切なのです。この場面は，年齢に見合った適切な方法で，物を要求することを学ぶ機会であり，養育者の態度は子どもが社会性を学ぶ権利を奪ってしまったことになります。

　続いて学校場面については，授業時間に私語がやまない状況を考えてみましょう。昨今では「学級崩壊」や「小１プロブレム」といわれ，授業中に立ち歩いたり，私語がやまず授業が成立しないような状況も出現しています。私語がやまない時，教師は「静かにしなさい」と注意を促します。これは，すべての子どもたちの学習する機会を保障するために必要な大人の行動といえます。１度か２度，口頭で注意を促しても，私語が収まらない場合があります。この時，教師が「いい加減にしろ！」と大声で感情的に怒鳴ったり，騒がしい生徒を立たせておく罰や体罰を与えたり，「そんなに騒ぐならもう授業はしないぞ！」と脅迫的な言葉を投げかけたとしたらどうでしょうか。教師は自分の思い通りに行動しない生徒に苛立ち，強引に思い通りにさせようとしています。この教師の行動によって子どもたちが静かになるとすれば，子どもたちが学習するのは「先生が怖いからこの場は言うことを聞いておこう」「先生はいつも自分たちに命令する存在だ」といった考えなどから起こるものであり，本来教師が伝えたかった学習する姿勢について，子どもたちは気づくことができません。

④　社会的養護を必要とする子どもたちの権利

1 ｜ 社会的養護を必要とする子どもたちの権利意識

　社会的養護を受けることを必要とする子どもたちは，それまでの生活の中で自分の権利や人権を保障されなかったり，奪われたり，守られなかったり，阻害されたりしてきた経験をもっています。そのような経緯から，自分にある権利や本来的にもっている人権が，どのようなものかわからない，知らないというだけでなく，生活の中で自分の権利を行使することの意味を見出せなかったり，意欲がもてなくなっていることもあります。また，時には他者が自分に示す権利の尊重に対して拒否的な行動をするなど，自らの人権を守られることを受容できずにいる子どもたちもいます。

　36頁で示した勢力構造論を，社会的養護を受ける子どもたちに当てはめてみると，「①社会規範」では，社会的養護を受ける子どもたちは，何らかの事情で家庭で育つことができないという点で，弱い立場にあり，養護され，適切な環境が与えられるべきであるという社会通念があります。さらに，「②社会資源」においても，「家族」という資源が十分に機能せず，社会資源は相対的に少ないといえます。さらに「③人間関係的要因」についても，それまでの生活の中で，親や大人に対する諦めから無力的・従属的パーソナリティを身に付けていたり，暴力的・反社会的なパーソナリティを身に付けていたりする場合も少なくありません。これらのパーソナリティは，社会において賛同や力を得ることを難しくしています。このように社会的養護を必要とする子どもたちは，社会の勢力構造の中で非常に弱い立場に置かれやすいと考えられます。したがって，社会的養護を必要とする子どもたちが，人として尊ばれることの意義を実感し，自らの権利を行使できるよう，特段の配慮が必要です。

2 | 社会的養護を必要とする子どもたちの権利保障

　社会的養護を必要とする子どもたちに，社会がどのような環境を準備すべき
かについては，子どもの権利条約第20条が基本原則となります。第20条には，
何らかの事情によって一時的または恒久的に家庭で育つことが望ましくないと
判断された子どもは，国が与える特別の保護及び援助を受ける権利をもってお
り，養子縁組やイスラム法におけるカファーラなど，永続的な（パーマネント
な）家庭を準備することが求められています。とりわけ，2009年に国連総会で
採択された「児童の代替的養護に関する指針」では，家庭で育つことの重要性
が強調され，社会的養護を必要とする子どもたちが，施設養護等の代替的な場
に長期的に留まらずに，家族とともに暮らすことができるように家庭復帰を目
指した適切な支援がなされることや，それが難しい場合であっても養子縁組な
どの永続的な家庭における養育（パーマネンシー・ケア）を受ける権利を行使
できるよう支援すべきであるとされています。

　現在日本の社会的養護の実態としては，養子縁組をはじめとする家庭養護の
重要性を認めつつ，集団生活を送る施設養護が中心となっています。国の社会
的養護施策として，施設養護についても小規模化，小規模グループケア化など
家庭的養護への転換はもちろん，養子縁組や里親といった家庭養護へ大きく転
換することが求められています。

3 | 社会的養護を受ける子どもたちの権利保障

　それでは社会的養護を必要とし，実際に施設等で暮らしている子どもたちの
権利を保障するためには，どのような取り組みや課題があるかをみていきます。
社会的養護を受けることとなった子どもたちには，子どもの権利条約の内容を
踏まえた「子どもの権利ノート」が配布され，自分たちが本来的にもっている
権利とはどのようなものか，また生活の中で意見を尊重してもらえなかったり，
暴力を受けたりするなど権利が侵された時，誰にどのように助けを求め，解決
していけばよいのかが具体的に書かれています。社会的養護の場で暮らす子ど

もたちが，困ったことを相談できる苦情窓口や相談窓口も各自治体に設置され，子どもたちが安全に暮らすことのできる場を保障する体制が整えられつつあります。しかし，これらの体制は十分に機能しているとはいえない現状もあります。それは制度や体制のあり方の問題とともに，これらの制度を活用する前段階の問題があることも大きな課題といえます。すなわち子どもたち自身が自分たちのもっている権利を行使するためのレディネスが十分ではなく，それまでの経験から権利を侵害されている状況に違和感を覚えることができなかったり，施設という集団生活ゆえに生じる軋轢によって自分の権利を主張しにくかったりするということがあります。社会的養護を受ける子どもたちには，権利保障の第一歩として，特定の養育者との安定した環境の中で，いかなる時も個人として尊重されるという経験が必要です。そのことが，将来社会の中で真に自立した大人として生活し，自分の家庭を築いていく基盤になります。

⑤　子どもの権利に関する取り組み

1 │ 子どもの人権に関する啓発活動

　法務省の人権擁護機関では，1994年より人権擁護委員の中から，子どもの人権にかかわる問題を専門に扱う「子どもの人権専門委員」を設置しています。主な活動としては，「子どもの人権110番」や「こどもの人権SOSミニレター」などを通して，地域における子どもの人権侵害に関する情報をキャッチし，学校やPTA，子ども会，民生児童委員と連携して，具体的な問題解決に

▶4　ある活動や行動を実行するために必要な心身の準備ができていること。
▶5　市町村の区域で，人権擁護活動を行う任務をもった人たちのこと。地域住民の中から人権擁護について理解のある社会事業家，教育者，報道関係者および弁護士等あらゆる分野から選ばれ，各市町村に配置されている。
▶6　法務省の人権擁護機関が，子どもの人権問題に関する相談に，平日8：30～17：15の間，電話で無料で応じるもの。相談は法務局職員，人権擁護委員が応じる。フリーダイヤルで，誰でも利用することができる。

あたります。また，毎年「児童虐待防止推進月間」(11月)に「子どもの人権専門委員全国会議」を開催し，事業内容を協議するとともに，子どもたちのかけがえのない命を社会全体で守っていくための「メッセージ」を採択することによって，よりよい啓発活動につなげています。

2 行政・施策の中での取り組み

　近年，子どもの権利を施策や制度のレベルで実施することへの関心が高まってきています。その背景には，こども基本法に基づき，各都道府県・市町村などが実施する行動計画において，子どもの権利条約を柱にその理念を施策として具体化し，実施しなければならないことが挙げられます。これら子どもに関する施策の推進にあたり，子どもの権利条約の内容について，自治体ごとにその理念を具体化した「条例」の制定も進められています。2000年12月に神奈川県川崎市で「子どもの権利に関する条例」が施行されて以来，64自治体で条例が作られており（子どもの権利条約総合研究所，2022年度末），今後どの自治体においても子どもの権利に関する条例に類するものが制定されることが予測されます。

　子どもの権利については，子どもたちの生活場面で具体的に検討し，保障のあり方を模索することが重要ですので，国際基準である子どもの権利条約の内容を，条例という形で各地方自治体の生活実態や地域性に見合った実践につなげていく必要があります。その際，形式的な条例や計画を立てるのではなく，具体的な子どもの権利の実現を目指し，子ども，保護者，市民，行政担当者，実践者が協働して計画を立て，実践し，評価し，再度計画を修正し，実践するというサイクルを繰り返すことで，子どもの権利が保障され実現されていく社会を形成することができます。

▷7　全国の小中学校の児童・生徒を対象にミニレター（便せん兼封筒）を配り，誰にも言えない悩みごとがある子どもたちから送られてきたミニレター（住所を管轄する法務局に直接届く）に対して，「子どもの人権専門委員」を中心とする人権擁護委員，法務局職員が悩みごとを解消するために返事をするという事業。

┌─ **本章のまとめ** ─┐

　子どもの権利は，すべての子どもに生まれながらに認められる子どもの人権の
ことを指しています。このことを具体化したのが，子どもの権利条約です。日本
においても子どもの権利を実現するために，意識改革を含む環境整備が行われて
います。

■ **参考文献** ──────────

日本子ども虐待防止学会（編）『子どもの虐待とネグレクト』14(3)，金剛出版，2012年。

第 4 章

子どもの養護の歴史

・・・

ポイント

1 第二次世界大戦前後の子どもの養護の本質的な違い
2 時代の変化と子どもの養護の変遷
3 現代の養護問題とこれからの子どもの養護のあり方

1 子どもの養護のはじまり

1 子どもの養護の芽

　日本の子どもの養護の芽として，5世紀の雄略天皇の時代に子どもたちに姓と乳母をつける事業を行っていたという伝承や6〜7世紀に貧窮した高齢者から子どもまでを一緒に四天王寺の境内に建てられた悲田院に保護していたこと，10世紀には京都の岩倉において，公家の子どもたちを一定期間農家に預ける「里預け」などが行われていたことを挙げる場合もあります。しかし，これらの活動は，国の公的な制度やサービスではなく，宗教思想における慈悲の心や救貧的な意味合いが強く，慈善事業であったことも忘れてはなりません。その後，室町時代にはキリスト教の伝来後，人身売買，堕胎，間引きなどが行われる日本の子どもの置かれた現状を憂いた宣教師らによって，布教活動の一環として，ヨーロッパ式の乳児院のような保護施設が創設されました。このように室町時代以降はキリスト教徒による，慈善救貧事業，病者保護事業として子どもたちへの養護が実践されるようになりました。

　さらに，江戸時代には慈善救済の方法として「五人組制度」がとられ，隣近所の家々が共同体として日常生活における相互扶助や相互責任を負うこととさ

れました。このように，慈悲・慈善の救済事業は存在するものの，制度として
確立されたものではなく，宗教思想や相互扶助という住民同士の助け合いの精
神のもとに子どもの養護が行われていたと考えられています。

2 │ 日本における先駆的な取り組み

　明治時代には，日本の子どもの養護に関する分野における先駆的な実践が，
個人の篤志家により行われてきました。1887（明治20）年に岡山孤児院をたて
た石井十次もその一人で，石井十次は入所している子どもたちに「お父さん」，
妻を「お母さん」と呼ばせ，「家族主義」を実践していました。私財を投資し
医師となる道を諦めてまで孤児院の設立にこだわった石井十次にとって，孤児
院の子どもは「自分の家族」であり，そこでの生活が彼の生活のすべてでした。
同じ時代，石井亮一と妻の筆子によって1891（明治24）年に始められた知的障
害児施設の滝乃川学園や，留岡幸助によって非行問題を起こした子どもたちを
対象とした東京巣鴨の家庭学校（1899年）も創設されました。いずれの実践家
も，人生をかけて子どもの養護に取り組み，この時代の施設は，実践者にとっ
ても「家庭」そのものでした。

　この後，明治時代後期の1900（明治33）年には，国によって，犯罪少年への
対応に関する感化法（1933年少年教護法に改正，1947年児童福祉法制定とともに廃
法）や昭和初期の1933（昭和8）年には労働搾取からの解放など，現代とは異
なる児童虐待防止法（1947年児童福祉法制定とともに廃法），1937（昭和12）年に
は困窮した母子家庭の救済を目指した母子保護法（1947年児童福祉法制定ととも
に廃法）などが施行されました。しかし，いずれも救貧的な色合いが濃く，実
際の実践については宗教活動や民間事業として行われることが多く，公的に整
備された体系的な子どもの養護には程遠いものでした。公的な子どもの養護や
児童福祉施設が整備されるようになるのは，まだ先のことでした。

3 │ 第二次世界大戦後の子どもの養護

　1945年，日本は第二次世界大戦に敗戦しました。戦争によって，家族を失い，

住む場所のない戦災孤児や貧困家庭の子どもたちが食べ物を求めて街中に溢れかえっていました。それは膨大な数にのぼり，子どもの保護，救済は，国家の急務となりました。終戦1カ月後，当時の責任省庁である厚生省は，「戦災孤児等保護対策要綱」を発表し（1945年9月20日），戦災孤児らの保護として，(1)個人家庭への保護委託，(2)養子縁組の斡旋，(3)集団保護の対策，を実施しました。要綱として対策が講じられたものの，施設も不十分で，個人家庭への引き取り手がなく，浮浪児になる子どもたちも多数いました。野坂昭如の『火垂るの墓』は，まさにこの時代を描いた作品で，妹に次いで兄（清太）が栄養失調による衰弱死を迎えたのは，「戦災孤児等保護対策要綱」が発表された次の日（1945年9月21日）と設定されています。

　1945年，政府は，連合国軍最高司令官総司令部（GHQ）から憲法改正を考慮すべき旨の指示を受け，1947年に日本国憲法を制定しました。その後，1947年に教育基本法，学校教育法が制定され，児童福祉法も同年に制定されています。児童福祉法によって，養護は公的な制度として明確に位置づけられ，体系化されるようになります。児童福祉施設は，助産施設，乳児院，母子寮，保育所，児童厚生施設，養護施設，精神薄弱児施設，療育施設，教護院の9種類に大別されました。児童福祉施設は，その後の改正によって名称変更や統廃合を繰り返し，今日に至っています。

　児童福祉法が，戦災孤児や養護の必要な子どもに限らず，すべての子どもを対象としている点は，現代にも通じる広い視野に基づくものです。しかし実際には，当時は戦争によって大量に出現した浮浪児対策に追われていました。1948年の厚生省調査によると約12万3,000人の孤児が存在し，そのうち約9万人の子どもたちが保護を必要としていたと考えられています。その後も，子どもを養護するために，たくさんの施設が急ピッチで整備されました。1948年には「児童福祉施設最低基準」（現在の「児童福祉施設の設備及び運営に関する基準」）が制定され，国を挙げて，養護の必要な子どもたちが，人的・物的条件の整った環境下で暮らすことができるようにすることが志向されるようになりました。しかし，当時の施設は子どもの衣食住さえも満足させられるものでは

ありませんでした。それでも，屋根のある安全な場所で飢えをしのげる施設は，当時の子どもたちにとって大きな役割を担っていました。

　1950年代になると，日本社会も復興の兆しが見えはじめ，戦災孤児等への対応も少しずつ落ち着きはじめました。1951年には「児童は，人として尊ばれる。児童は，社会の一員として重んぜられる。児童は，よい環境の中で育てられる」に始まる12の約束事を示した「児童憲章」が発布され，子どもの幸福を図ることを広く国民に示しました。この頃から，集団施設養護の是非をめぐるホスピタリズム論争が展開され，この論争をきっかけに，施設ケアのあり方や子どもの養護に関する理論が生み出されました。

② 子どもの養護の展開

1 ｜ 施設養護のあり方に関する理論の展開

　日本では，第二次世界大戦の傷跡が癒えはじめた1950年代以降，施設などで養護を受ける子どもたちや施設でのケアのあり方に関心がもたれるようになりました。

　諸外国でも，20世紀の初頭から施設養護のあり方や養護を受ける子どもたちの問題に気づき，さまざまな研究や提言が行われていました。1909年，子どもの健康と福祉のために開かれた第１回児童福祉白亜館会議（アメリカ）では，家庭は文明の最高の創造物であり，緊急止むを得ない事情のない限り子どもを家庭から切り離してはならないという家庭尊重の原則が宣言されました。この宣言以降，子どもが施設で暮らすことの弊害に関する研究が，ドイツのファウントラー（Pfaundler, M.），アメリカの精神分析学者であるスピッツ（Spitz, R. A.），イギリスの児童精神科医であるボウルビィ（Bowlby, J. M.）らによって発表されました。施設で暮らす子どもたちは，衛生的にも栄養的にも問題がないにもかかわらず，情緒的な発達が遅れている，母性的養育の剥奪が，子どもにとって深刻かつ恒久的な発達上の課題をもたらすといった内容で，集団施設養

護が子どもの発達遅滞やハンディキャップをもたらすというものでした。これはホスピタリズム（施設病）の症状であるといわれました。しかし，このホスピタリズムにみられる乳幼児の発達上の課題は，母性的養育の剝奪の結果によるものか，あるいは施設の養育環境自体の問題であるのか，その検討が不十分であるとの批判を生み，今なお種々の研究がなされています。

　1950年に，石神井学園園長であった堀文次が，自らの実践経験から，乳幼児期から施設で育つ子どもの特徴を報告したことを契機に，施設で暮らす子どもたちにどのような養護を実践すればよいのか，施設養護は今後どうあるべきなのかなど，日本でもホスピタリズムについて活発な議論が起こりました。

　この時に提起された養護に関する理論として，ボウルビィなどのホスピタリズムの報告の流れを汲んで，子どもを家庭に近い個別的方法で養護すべきであるという家庭的養護理論と，施設の特徴である集団の力動を生かして養護すべきであるという集団主義養護理論が対立することとなりました。さらに施設の必要性を評価した上で，施設は家庭の代替ではなく治療的な役割を担い，家庭と提携していくために，より高度で専門的な養護の実践を，科学的に体系化していく必要があるという養護理論も展開されるようになりました。当時の日本におけるホスピタリズム論争は決着を見ることも，その議論が政策等に反映されることもありませんでした。しかし，その後70年近く経った今，虐待をはじめとする養護問題の複雑さとあいまって，これらの議論が養護の実践だけでなく子どもの養護に関する政策の転換に影響を及ぼしています。家庭に近い個別的方法を求めた家庭的養護理論の発想は，まさに「地域小規模児童養護施設」の創設（2000年）や2002年の里親制度の改正へとつながっています。

2 ｜ 高度経済成長期以降の子どもの養護

　第二次世界大戦における敗戦によって社会は混乱し，人々の生活も荒廃しましたが，1950年代の朝鮮戦争特需により1955年頃には日本経済は戦前の水準に復興し，それ以降もさらなる成長を続け，1968年には国民総生産（GNP）が資本主義国家の中で第2位となるまでの変化を遂げました。この経済成長によっ

て，日本の産業構造は第３次産業を中心としたものに大きく変化し，そのことが家族の形態や家族機能の変化をもたらしました。都市には若年層の核家族が増え，共働き家庭が増加し，保育所の増設が叫ばれました。またこの時代，テレビ・洗濯機・冷蔵庫の３種類の家電製品は「三種の神器」と呼ばれ，急速に家庭に普及していきました。経済成長による変化は，家族の生活時間の配分にも大きな影響を与え，近隣や親族に頼ることができない都市での生活は家族機能の外部化を進めていくことになりました。しかし，経済成長によって物質的に豊かな生活を享受するようになった一方，家庭機能の外部化や核家族化による養育機能の低下，離婚の増加によるひとり親家庭の増加，女性の社会進出の増加，出生率の低下，都市への人口集中による住環境の悪化など，現代にも続く課題が出現しはじめました。すなわち時代の変化とともに，保護の必要な子どもと児童福祉施設を線で結ぶような養護や支援では解決できない問題が出現し，子どもをめぐる家族や地域全体への養護の必要性が叫ばれるようになりました。

③ 現代の子どもの養護に求められる発想の転換

1 養護の必要な子どもたち

　第二次世界大戦後，保護や養護を受けられずに街中をさまよう子どもたちがいた時代を乗り越え，1993年前後には，児童養護施設の在所率は微減していました。この時，養護を必要とする子どもの総数が，減少したかのように感じられていました（図4-1）。しかし1995年，児童の権利に関する条約に批准したことを受け，子どもの権利や養育環境に対する関心が高まり，虐待を受ける子どもたちの問題が取り上げられるようになりました。この頃から，児童相談所における児童虐待相談対応件数は増加しました（図4-2）。さらに，2000年に児童虐待の防止等に関する法律の制定により，虐待に関する相談対応件数は急増し，家庭で育つことが不適切だと判断，保護を必要とする子どもたちは再び

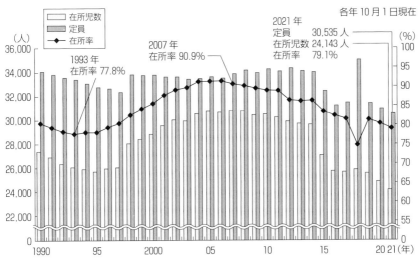

図 4 - 1　児童養護施設の定員・在所児数・在所率の年次推移

注：在所率＝在所児数÷定員×100。
出所：厚生労働省「社会福祉施設等調査の概況」より作成。

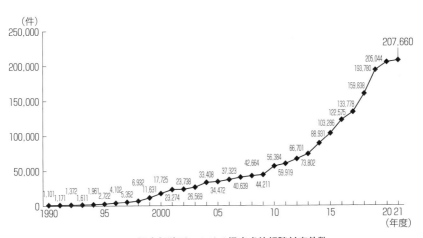

図 4 - 2　児童相談所における児童虐待相談対応件数

注：2010年度は，東日本大震災の影響により，宮城県，福島県を除いて集計した数値である。
出所：厚生労働省「福祉行政報告例の概況」より作成。

表 4-1　委託（入所）時の保護者の状況別児童数

(単位：人)

	総　数	両親又は一人親	両親ともいない	両親とも不明	不　詳
里　親	5,382 100.0%	4,222 78.4%	919 17.1%	222 4.1%	19 0.4%
児童養護施設	27,026 100.0%	25,223 93.3%	1,384 5.1%	359 1.3%	60 0.2%
児童心理治療施設	1,367 100.0%	1,268 92.8%	79 5.8%	16 1.2%	4 0.3%
児童自立支援施設	1,448 100.0%	1,348 93.1%	78 5.4%	17 1.2%	5 0.3%
乳児院	3,023 100.0%	2,959 97.9%	53 1.8%	8 0.3%	3 0.1%
ファミリーホーム	1,513 100.0%	1,276 84.3%	150 9.9%	72 4.8%	15 1.0%
自立援助ホーム	616 100.0%	565 91.7%	39 6.3%	10 1.6%	2 0.3%

出所：厚生労働省雇用均等・児童家庭局「児童養護施設入所児童等調査結果（平成30年2月1日現在）」
　　　2020年，p.14.

増えました。2004年から2007年までは児童養護施設の在所率は90％を超えていましたが，その後は減少傾向となり，2021年には79.1％となりました。しかし施設の実質的な運営を考えると，多くの施設で満員状態になっていると考えられます。

2 ｜ 養護問題の質の変化

　戦後80年近くが経ち，日本の国民生活は大きく変貌し，親がおらず保護を必要とする子どもの問題が中心であった時代から，子ども家庭福祉の対象や問題の拡大・変化が生じました。昨今では養護問題の中心は，虐待を受けた子どもたちへの支援となり，とりわけ施設養護を受ける子どもたちの多くには両親または一方の親が存在し，両親ともいないまたは不明の子どもたちは少ない状況です（表 4-1）。

　養護を必要とするようになった理由についても，変化してきています。1962

表4-2　養護問題発生理由別児童数（構成割合）

（児童養護施設）

	1962年	1977年	1982年	1987年	1992年	1998年	2003年	2008年	2013年	2018年
総数（人）	34,530	31,540	32,040	29,553	26,725	26,979	30,416	31,593	29,979	27,026
父母の死亡	21.5%	10.9%	9.6%	7.5%	4.7%	3.5%	3.0%	2.4%	2.2%	2.5%
父母の行方不明	18.0%	28.7%	28.4%	26.2%	18.5%	14.9%	10.9%	6.9%	4.3%	2.8%
父母の離婚	17.4%	13.6%	21.0%	20.1%	13.0%	8.5%	6.5%	4.1%	2.9%	2.0%
父母の不和	＊	1.8%	2.0%	1.5%	1.6%	1.1%	0.9%	0.8%	0.8%	0.9%
父母の拘禁	4.3%	3.7%	3.8%	4.7%	4.1%	4.3%	4.8%	5.1%	4.9%	4.8%
父母の入院・長期疾病	16.2%	12.9%	12.8%	11.5%	11.3%	9.2%	7.0%	5.8%	4.3%	2.7%
父母の就労	3.3%	1.3%	0.9%	1.5%	11.1%	14.2%	11.6%	9.7%	5.8%	4.3%
父母の精神疾患等	5.7%	5.1%	5.5%	5.2%	5.6%	7.5%	8.1%	10.7%	12.3%	15.6%
父母の放任・怠惰	＊	4.5%	5.6%	6.3%	7.2%	8.6%	11.6%	13.8%	14.7%	17.0%
父母の虐待・酷使	0.4%	2.4%	2.4%	2.9%	3.5%	5.7%	11.1%	14.4%	18.1%	22.5%
棄　児	5.0%	1.3%	1.0%	1.3%	1.0%	0.9%	0.8%	0.5%	0.4%	0.3%
養育拒否	＊	＊	＊	＊	4.2%	4.0%	3.8%	4.4%	4.8%	5.4%
破産等の経済的理由	＊	＊	＊	＊	3.5%	4.8%	8.1%	7.6%	5.9%	4.9%
児童の問題による監護困難	＊	＊	＊	＊	6.2%	5.4%	3.7%	3.3%	3.8%	3.9%
その他	8.1%	7.8%	7.1%	11.3%	4.5%	6.6%	7.8%	8.5%	12.1%	0.6%

（里親委託）

	1977年	1982年	1987年	1992年	1998年	2003年	2008年	2013年	2018年
総数（人）	3,720	3,407	3,284	2,678	2,175	2,454	3,611	4,534	5,382
父母の死亡	11.7%	9.2%	7.2%	4.6%	4.2%	3.1%	6.6%	11.4%	13.1%
父母の行方不明	25.5%	25.6%	23.7%	17.5%	17.9%	14.7%	14.3%	10.8%	8.3%
父母の離婚	21.0%	19.0%	13.8%	9.0%	4.6%	6.5%	3.8%	2.1%	1.4%
父母の不和	1.8%	2.1%	1.7%	1.5%	0.7%	1.1%	0.6%	0.4%	0.7%
父母の拘禁	1.8%	2.1%	2.5%	2.1%	2.4%	3.1%	4.8%	3.9%	3.0%
父母の入院・長期疾病	7.4%	8.1%	7.2%	5.8%	6.0%	5.5%	5.3%	3.5%	2.3%
父母の就労	0.8%	0.6%	1.1%	5.3%	6.9%	5.3%	5.0%	3.4%	2.2%
父母の精神疾患等	3.5%	4.4%	5.2%	5.2%	5.3%	6.2%	8.0%	8.3%	13.0%
父母の放任・怠惰	3.4%	5.1%	5.4%	4.5%	5.7%	9.1%	9.7%	10.5%	13.2%
父母の虐待・酷使	1.5%	1.6%	1.2%	1.9%	2.4%	5.2%	7.1%	8.2%	9.3%
棄　児	7.4%	7.2%	7.9%	7.8%	7.3%	6.2%	3.7%	2.1%	1.4%
養育拒否	＊	＊	＊	21.2%	23.8%	19.9%	16.0%	16.5%	15.3%
破産等の経済的理由	＊	＊	＊	3.0%	2.6%	5.2%	5.8%	5.5%	6.3%
児童の問題による監護困難	＊	＊	＊	1.3%	0.8%	1.0%	1.0%	1.5%	1.2%
その他	14.3%	14.9%	23.2%	9.3%	7.8%	8.6%	6.0%	8.6%	7.6%

（表４-２のつづき）
（乳児院）

	1977年	1982年	1987年	1992年	1998年	2003年	2008年	2013年	2018年
総数（人）	3,266	3,168	3,168	2,693	2,720	3,023	3,299	3,147	3,023
父母の死亡	6.8%	5.3%	5.3%	1.8%	2.5%	1.1%	1.2%	0.9%	0.6%
父母の行方不明	20.5%	16.0%	16.0%	11.1%	9.9%	6.0%	4.3%	2.6%	1.3%
父母の離婚	13.9%	11.7%	11.7%	3.8%	5.3%	4.2%	2.5%	1.8%	1.4%
父母の未婚	＊	＊	26.6%	21.4%	12.2%	12.0%	7.9%	6.2%	2.8%
父母の不和	1.5%	1.2%	1.2%	3.8%	0.7%	1.2%	1.3%	1.3%	2.2%
父母の拘禁	3.4%	3.3%	3.3%	3.5%	4.9%	4.5%	5.3%	4.4%	4.0%
父母の入院・長期疾病	19.0%	16.7%	16.7%	10.6%	9.4%	5.4%	3.9%	3.3%	2.7%
家族の疾病の付き添い	＊	＊	＊	1.4%	1.1%	0.7%	0.4%	0.3%	0.2%
次子出産	＊	＊	＊	1.2%	1.2%	0.6%	0.7%	0.6%	0.2%
父母の就労	1.4%	2.2%	2.2%	9.0%	11.3%	7.2%	7.4%	4.2%	3.7%
父母の精神疾患等	9.2%	10.6%	10.6%	8.7%	13.0%	14.9%	21.1%	22.2%	23.4%
父母の放任・怠惰	1.4%	3.2%	3.2%	2.7%	3.2%	6.0%	8.8%	11.1%	16.7%
父母の虐待・酷使	0.4%	0.6%	0.6%	1.4%	4.1%	4.6%	9.2%	8.5%	10.2%
棄児	3.1%	3.0%	3.0%	4.6%	3.0%	2.2%	1.5%	0.6%	0.3%
養育拒否	＊	＊	＊	5.3%	6.3%	7.7%	7.8%	6.9%	5.4%
破産等の経済的理由	＊	＊	＊	2.9%	3.3%	7.7%	5.7%	4.6%	6.6%
児童の問題による監護困難	＊	＊	＊	0.4%	0.5%	0.3%	0.6%	0.6%	0.1%
その他	19.3%	26.3%	10.2%	6.5%	7.8%	10.7%	10.7%	17.4%	16.6%

注：＊は調査項目としていない。　　　部分は，各年の養護問題発生理由の上位。
出所：厚生省および厚生労働省「養護児童等実態調査の結果の概要」および「児童養護施設入所児童等調査結果」
　　　1962～2020年より筆者作成。

年や1977年の調査結果は児童養護施設や乳児院などに入所した子どもたちも里親に委託された子どもたちも，「父母の死亡」や「父母の行方不明」「父母の離婚」などが理由の上位に挙がっています。

　一方，1992年以降，「父母の放任・怠惰」「父母の虐待・酷使」「養育拒否」といった養育に関する理由や，「父母の精神疾患等」など養育者自身の問題も理由の上位に挙がるようになりました（表４-２）。このように過去によく見られた，貧困や両親の死亡などにより養護を受けた時代から，親からの虐待・放任・養育拒否などを理由に養護を受けるような状況に変わり，養護問題が発生する過程や内容も複雑多様化してきています。複雑な家族問題がある子どもたちへの養護の増加は，子どもの養護を実践する現場においてより高度な専門性

や援助技術が求められる時代になったことを示しています。

　当然のことながら，父母の死亡や不明など保護者のいない子どもに対しての養護と，保護者は存在しているが保護者自身の問題や適切な養育が提供されないために家庭で暮らすことができない子どもに対しての養護では，自立を目指してケアをしていくという目標は同じでも，その援助方法や内容，援助技術は同じではありません。保護者が存在する子どもたちに対しては，子どもたちへのケアはもちろんのこと，保護者が親としての役割を担えるように支援し，保護者と子どもが家庭の中で暮らすことができるよう家族再統合することも援助の目標となります。

本章のまとめ

　第二次世界大戦前は，日本における子どもの養護は，宗教家や篤志家たちの活動によって支えられてきました。戦後，児童福祉法が制定され，公的な子どもの養護が整備されてきましたが，その変遷には，戦後の混乱期から今日に至るまで，社会構造の変化と密接な関係があります。

第 5 章

社会的養護の体系：予防的支援・家庭養護・家庭的養護

. . .

ポイント

1 社会的養護の体系とそれぞれの役割
2 社会的養護の体系における課題
3 施設養護・家庭養護の方向性

1 社会的養護の体系

　第1章では，社会的養護のとらえ方とその範囲について学びました。2016（平成28）年の児童福祉法改正および「新しい社会的養育ビジョン」（2017年）に基づいて，社会的養護を整理すると，図5-1のように示すことができます。

　「新しい社会的養育ビジョン」というタイトルが示すように，社会的養護は今日，少し幅広く社会的養育という視点からとらえられるようになっています。里親等による家庭養護や社会的養護関係施設に加えて，要支援児童・要保護児童・特定妊婦等も含めた，予防的支援から代替的養育までを網羅するのが社会的養育といえます。

1 | 予防的支援

　予防的支援とは，実親による養育が子どもの権利侵害とならないよう，要支援児童，要保護児童，特定妊婦等に対する支援を指しています。社会的養護関係施設の入所から家庭復帰した子どもなどもその対象に含まれています。

　具体的には，早期対応相談，家庭支援事業（子育て世帯訪問支援事業，児童育成支援拠点事業，親子関係形成支援事業，子育て短期支援事業，一時預かり事業，養育支援訪問事業），妊産婦等生活援助事業などがあります。保育サービスも就

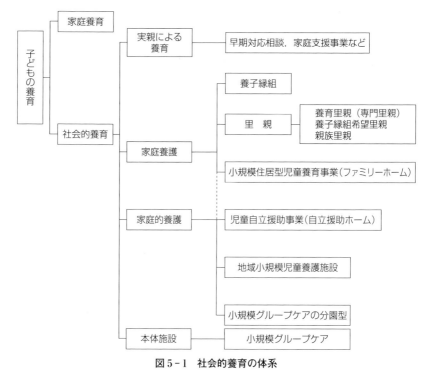

図5-1　社会的養育の体系

出所：山縣文治「児童養護の体系」山縣文治・林浩康（編）『よくわかる養護原理（第3版）』ミネルヴァ書房，
2009年，12頁及び「『家庭的養護』と『家庭養護』の用語整理について」（第13回社会保障審議会児童部会
社会的養護専門委員会資料）より筆者作成。

学前の子どもに限られますが，虐待等の発生予防を目的に利用されることがあ
ります。

2 ｜ 家庭養護

　家庭養護とは，子どもを家庭と同様の養育環境で育てることを指しています。
具体的には養子縁組と里親，小規模住居型児童養育事業（ファミリーホーム）
を指しています。国連による「児童の代替的養護に関する指針」（2009年）で
は，施設養護と家庭養護が相互に補完しながら，子どものニーズに対応してい
ることとしながら，施設養護は必要な場合に限られることや，乳幼児の社会的
養護は原則として養子縁組や里親といった家庭養護で提供されるべきこと，大

規模な施設養護は廃止していくべきこと等が示されています。わが国でも，2016（平成28）年の児童福祉法改正によって，国連の指針と同様の方向性が総則に盛り込まれました。

（1）養子縁組

養子縁組は，養親と養子との間に法律上の親子関係を作り出す制度です。養子縁組には，普通養子縁組と特別養子縁組があります。特に特別養子縁組は，社会的養護を要する子どもにとって永続的解決（パーマネンシー保障）につながる仕組みとして，積極的に推進されています。児童福祉法第12条第 3 項には，児童相談所の役割として，養子縁組に関する相談支援が位置づけられています。

（2）里　　親

里親制度は，児童福祉法第 6 条の 4 に基づき，家族と離れて暮らす子どもを，自分の家庭に迎え入れ，温かい愛情と正しい理解を持って養育する制度です。養育里親（専門里親），養子縁組里親，親族里親の 3 つの種類があります。わが国では，社会的養護の課題として，里親委託率の低さが指摘されていました。2016（平成28）年の児童福祉法改正で示された「家庭養育優先の原則」（第 3 条第 2 項）に基づき，家庭養護の一つとして，里親委託が積極的に推進されています。

里親委託等の推進のため，多様な施策が取り組まれています。厚生労働省は2012（平成24）年に「里親委託ガイドライン」を策定し，里親委託率を上げた自治体の取り組み例などを紹介してきました。

2022（令和 4 ）年には，里子・里親支援を目的とした「里親支援センター」が児童福祉施設の一つとして創設されました（2024年 4 月 1 日施行）。里親支援センターは，①里親の家庭・養育環境をより良くする機能，②里親家庭で暮らす子どもの成育をより良いものとする機能の 2 つを併せ持つこと，地域の子どもの養育環境の向上にも資することとされています。里親支援センターは里親に寄り添い，里親の立場に立って支援を行う機関であることが求められています。

（3）小規模住居型児童養育事業（ファミリーホーム）

　家庭的な養育環境の中で，子ども同士の相互作用を活かした養育環境を必要とする子どもたちを対象としている家庭養護の１類型です。里親よりも子ども数が多く職員も採用できるという位置づけであり，里親等養育者の力量が問われる事業ともいえます。里親との違いとして，第２種社会福祉事業としての位置づけとなるため，事務処理能力等も求められることとなります。

3 ｜ 家庭的養護

　家庭的養護とは，子どもをできる限り良好な家庭的環境で育てることを指しています。具体的には，児童自立生活援助事業（自立援助ホーム），生活単位が小規模化された乳児院，児童養護施設における地域小規模児童養護施設（グループホーム）および小規模グループケア（分園型）が該当します。

（1）児童自立生活援助事業（自立援助ホーム）

　社会的養護関係施設，里親からの措置解除後，社会的自立を目指す子どもの生活を支えることを目的とした事業です。子どもは求職活動や働きながら，仕事上・生活上の自立が可能となるよう，職員の支援を受けて生活することとなります。

　児童自立生活援助事業は，その対象年齢を22歳までとされていましたが，2022（令和４）年の児童福祉法改正において，年齢要件が弾力化されました。これまで，本事業の対象者は①義務教育終了後，20歳未満で措置解除されている者，②20歳になる前日まで本事業を利用し，高校生，大学生等学生であり，22歳までの者とされていました。法改正によって，22歳を過ぎてもやむを得ない事情により，本事業の実施が必要と認められた子どもについては，継続して利用することが可能となりました。年齢ではなく，子どもの生活力・地域でのサポート体制を整えながら，自立の時期を決めることとなります。

（2）地域小規模児童養護施設（グループホーム）

　長期にわたって家庭復帰が望めない子どもを対象に，定員4～6名という家庭的な環境の中で養育し，入所児童の社会的自立を促進することを目的としています。具体的には，担当する職員と一緒に既存の家屋等を用いて地域に密着した生活をすることで，子どもの安定的な生活を確保することを目指しています。

（3）小規模グループケア（分園型）

　職員間が連携できる範囲内で，本体施設から離れた地域で，民間家屋等を活用した養育です。定員は4～6名となっています。

　社会的養護関係施設，特に乳児院および児童養護施設においては，高い専門性を有する社会的養護の担い手として，その機能を入所児童や保護者はもちろんのこと，地域で暮らす支援を要する家庭に提供することが期待されています。

②　社会的養護の体系の今後の展開

　社会的養護の体系は，2016（平成28）年児童福祉法改正において第3条第2項が盛り込まれたことで，社会的養護から社会的養育へと移行しつつあります。

　この原則は，子どもが心身ともに健やかに養育されるよう，より家庭に近い環境での養育の推進を図ることを前提に，まずは，子どもが家庭において健やかに養育されるよう保護者を支援すること，それが適当でない場合には，子どもが家庭と同様の養育環境において継続的に養育される（家庭養護）ようにすること，家庭養護が適当でない場合には，できる限り良好な家庭的環境（家庭的養護）で養育されるようにすることとされました。また，就学前の子どもについては，家庭養護を原則とすることも示されています。

　このイメージを図に示すと，図5-2の通りとなります。この実現には，子ども家庭を対象とした地域支援の充実が欠かせません。「令和3年度社会保障

図 5-2　家庭と同様の環境における養育の推進

出所：こども家庭庁「社会的養育の推進に向けて」2023年。

審議会児童部会社会的養育専門委員会報告書」では，以下の4つの柱を示し，具体的な制度見直しを進めてきました。2022（令和4）年の児童福祉法改正は，この報告書に基づいて行われています。

1 ｜ 支援を確実に提供する体制の構築

　1つ目は，困難な状況下で子どもを育てる家族，妊産婦，そして不安や悩みを抱える子どもに対して，できるだけ早期にかかわり，市区町村が確実に支援を行うこと，そのために市区町村において母子保健と児童福祉の一体的相談機関による支援を実施すること，状況の悪化ひいては虐待などの劣悪な状況に至ることを防ぐことを目的とした体制の構築があります。2022（令和4）年の児童福祉法改正では「こども家庭センター」の創設が盛り込まれました。市区町村の子ども家庭総合支援拠点（児童福祉）と子育て世代包括支援センター（母子保健）に関する相談を包括的に受理し，地域に存在するさまざまな支援メニューにつなぐことを役割としています。支援を要する子ども・妊産婦等についてはサポートプランを作成し，計画に基づく具体的な支援を展開することとなります。支援メニューは，公的資源だけでなく民間資源・地域資源も含まれており，一体的な支援体制を構築することとなります。市町村を基盤とした相談支援体制の要としての役割が期待されています。

2 ｜ 安心して子育てができるための支援の充実

　2つ目は，困難な状況下で子どもを育てる家族，妊産婦，不安や悩みを抱える子どもに対する支援の確実な提供を可能にすること，支援の必要性が高く児童相談所が関与するにあたり，在宅での対応をより適切に行うこと，そして，適正な手続きの下で一時保護を行うとともに，家庭養育優先の原則を一層推進することです。

　ここでは，支援を必要とする程度に応じて，①すべての子育て世帯の家庭・養育環境への支援，②支援の必要性の高い子どもやその家庭への在宅での支援，③支援の必要性の高い子どもやその家庭への支援，④特別養子縁組等，養子縁組推進のための環境整備，⑤一時保護，が掲げられています。安心して子育てができる環境整備のためには，すべての子どもや家庭を対象とした支援（ポピュレーションアプローチ）から，一時的な分離が必要な親子に対する支援（ハイリスクアプローチ）まで，支援ニーズに応じて柔軟に活用することができる体制づくり，ソーシャルワークの展開が必要です。

3 ｜ 子どもを中心として考える社会的養育の質の向上

　3つ目は，子どもの権利擁護が適切になされるよう環境を整え，子どもの最善の利益のための支援を子どもの視点を尊重して実施していくとともに，社会的養護経験者に自立支援を適切に提供していくための社会的養育の質の向上です。

　ここでは，大きく分けて，権利擁護と社会的養護経験者への自立支援が挙げられます。権利擁護には，①意見・意向表明，②政策決定プロセスにおける当事者の参画，③行政から独立した権利擁護機関の設置，④評価，⑤記録の保存，⑥被措置児童等虐待への対応，が挙げられています。社会的養護経験者への自立支援として，①都道府県等による自立支援の提供，②施設等に入所している児童等への自立支援，③在宅の児童等への自立支援，とされています。

4 | 1〜3を実現するための基盤整備

　上記，1〜3の3つの柱を展開するための基盤整備として，①人材育成，②情報共有，③都道府県・児童相談所・市町村の役割の3つが示されています。

　2024（令和6）年，こども家庭ソーシャルワーカーの養成が始まることとなりました。国による認定法人によって認可される資格となります。求められる専門性として，①子ども家庭福祉を担うソーシャルワークの専門職としての姿勢を培い維持できること，②子どもの発達と養育環境等の子どもを取り巻く環境を理解すること，③子どもや家庭への支援の方法を理解・実践できること，の3つを柱としています。

> **本章のまとめ**
> 　社会的養護の体系は，「予防的支援」「家庭養護」「家庭的養護」の3つから成り立っています。社会的養護から社会的養育への転換が進められています。

第 **6** 章

社会的養護の制度

● ● ●

ポイント

1 社会的養護における相談機関の機能と役割
2 社会的養護における養育の提供
3 社会的養護に関連する相談機関

1 社会的養護に関する制度の全体像

社会的養護の制度は，大きく分けて相談機関と養育の提供の2つから構成されています。子ども家庭福祉に特化した相談機関として，市町村，児童相談所，児童家庭支援センターが挙げられます。養育の提供として，実親と離れた生活の場で養育する里親等の家庭養護，社会的養護関係施設による施設養護があります。加えて，社会的養護と深く関連する相談機関があります。

本章では，「相談機関」「家庭養護」「施設養護」「関連する相談機関」の順に，それぞれの役割と現状について学んでいきましょう。

2 相談機関

1 │ 市 町 村

児童福祉法第10条に規定される実施機関の一つです。役割には，子ども・妊産婦に対する実情の把握，情報の提供，相談対応，調査および指導を行うこと，これらに伴う家庭等に対する必要な支援を行うことがあります。

近年，市町村が，子ども家庭福祉の相談機関としての役割を担うことを目的

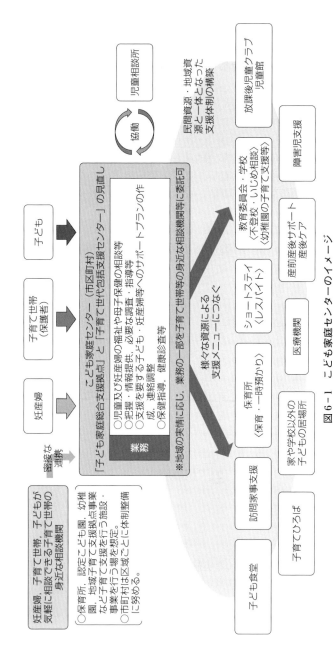

図6-1 こども家庭センターのイメージ

出所：こども家庭庁支援局虐待防止対策課「こども家庭センターについて」2023年。

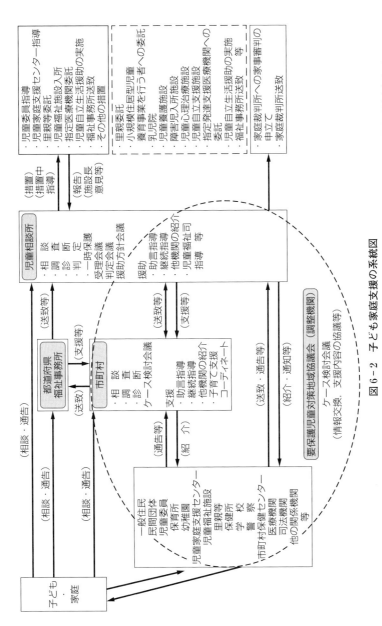

図 6 - 2　子ども家庭支援の系統図

注：市町村保健センターについては、市町村の子ども家庭相談の窓口として、一般住民等からの通告・通告等を受け、相談援助業務を実施する場合も想定される。

出所：こども家庭庁「市町村子ども家庭支援指針」（ガイドライン）2021年。

に，こども家庭センターの整備が進められてきました（児童福祉法第10条の２）。2024（令和６）年からは母子保健と子ども家庭福祉の相談窓口として「こども家庭センター」が設置されます（図6-1）。

市町村が行う相談援助の指針として「市町村子ども家庭支援指針」（ガイドライン）があります。「子どもに関する各般の問題につき，家庭その他からの相談に応じ，子どもが有する問題又は子どもの真のニーズ，子どもの置かれた環境の状況等を的確に捉え，個々の子どもやその家庭に最も効果的な支援を行い，もって子どもの福祉を図るとともに，その権利を擁護すること」を「子ども家庭支援」と称し，市町村が行う具体的な役割を明示しています。

また，市町村には，ネットワークによる子ども虐待への対応を検討する協議会として，要保護児童対策地域協議会が設置されています。子ども虐待への対応を一機関で行うことの限界と多機関での連携・協働による適切な支援体制を構築すること，その際必要となる情報共有が守秘義務違反とならないことを法に位置づけることで，子ども家庭を支援することを目的とした情報共有が可能となりました。

相談機関としての市町村は，児童福祉法第10条第２項にあるように，専門的な知識及び技術を必要とするものについては，「児童相談所の技術的援助及び助言を求めなければならない」とされています。

ガイドラインにおける相談援助活動は，図6-2の通りとなります。

2 | 児童相談所

児童福祉法第12条に基づく相談機関です。その役割として，①市町村援助機能，②相談機能，③一時保護機能，④措置機能，があります。

児童相談所は，都道府県と指定都市に設置義務があります。児童相談所設置市として中核市および特別区においては，設置が可能とされています。全国で232カ所（2023〔令和５〕年４月１日現在）で，増加傾向となっています。

児童相談所で受理する相談の種類は，養護相談，保健相談，障害相談，非行相談，育成相談，その他の相談となっています。全国の児童相談所における相

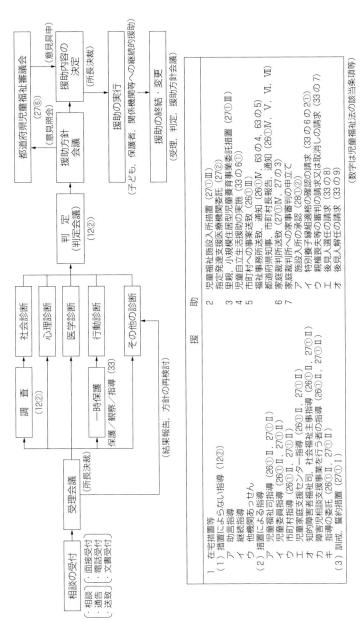

図6-3　児童相談所における相談援助活動の体系と展開

出所：こども家庭庁「児童相談所運営指針」2023年。

談の対応件数は57万1,961件（令和3年度）となっています。相談の推類別に見ると，養護相談が最も多く，28万3,001件（49.5%），障害相談20万3,619件（35.6%）と続きます。また，児童虐待相談対応件数は20万7,660件となり，年々増加しています（令和3年度福祉行政報告例）。

　児童相談所が行う援助のプロセスおよびその内容は図6-3の通りとなります。援助内容には7つの種類があります。これらは，措置によらない指導等と措置によるもの，送致や委託を行うもの等，措置という行政権限に基づいて実施される援助と児童相談所自らが行う援助，他機関への委託等を行うものに整理することができます。児童相談所は子ども家庭のおかれている状況を図6-2に示す5つの診断に基づくアセスメントを行い，それらの情報を援助会議を通じて共有し，援助方針を決定します。

　児童相談所が行う機能として，2016（平成28）年の児童福祉法改正により，一貫した里親支援が盛り込まれました。里親支援機関（フォスタリング機関）については，民間団体を活かすことが示されており，2022（令和4）年の児童福祉法改正において，里親支援センターが児童福祉施設として位置づけられました。

　児童相談所が有する機能として一時保護があります。子どもの安全確保を目的とした一時保護ですが，その課題も指摘されており，子どもの権利を守る場としてのあり方を求めて，「新しい社会的養育ビジョン」（2017年）においても，一時保護改革が謳われました。

　2022（令和4）年には，「一時保護ガイドライン」が作成され，一時保護の基本的な指針が示されています。

3 ┃ 児童家庭支援センター

　児童家庭支援センターは，「地域の児童の福祉に関する各般の問題につき，児童に関する家庭その他からの相談のうち，専門的な知識及び技術を必要とするものに応じ，必要な助言を行うとともに，市町村の求めに応じ，技術的助言その他必要な援助を行うほか，第26条第1項第2号及び第27条第1項第2号の

規定による指導を行い，あわせて児童相談所，児童福祉施設等との連絡調整その他内閣府令の定める援助を総合的に行うことを目的とする施設」として位置づけられています（児童福祉法第44条の2）。

　具体的な役割として，①地域・家庭からの相談に応ずる事業，②市町村の求めに応ずる事業，③都道府県または児童相談所からの受託による指導，④里親等への支援，⑤関係機関等との連携・連絡調整，となっています（「児童家庭支援センター運営指針」より）。

　児童家庭支援センターは全国に173カ所（令和5年度）設置されており，その数は年々増加しています。その背景には，「家庭養育優先の原則」に伴う，在宅支援体制の強化があります。「新しい社会的養育ビジョン」および「令和3年度社会保障審議会児童部会社会的養育専門委員会報告書」においても，積極的活用が示されています。児童家庭支援センターは，地域におけるファミリーソーシャルワークの担い手としての役割が期待されています[1]。

③　家庭養護

1│養子縁組

　民法第727条に基づいて，血縁上の親族関係と同様の関係となることを養子縁組といいます。養子縁組は，普通養子縁組と特別養子縁組があります。いずれも社会的養護において，実親と暮らすことが難しくなった子どもに対して永続的な解決（パーマネンシー保障）の観点から有効な制度となりますが，特に特別養子縁組は，子どもの福祉を優先した仕組みです。

　普通養子縁組が，養親と養子の同意により成立するのに対して，特別養子縁組は，縁組を希望する養親からの請求に基づいて，家庭裁判所の決定により成立する仕組みです。特別養子縁組については，配偶者がいる原則25歳以上の夫

▷1　小木曽宏・橋本達昌（編著）『地域子ども家庭支援の新たなかたち』生活書院，2020年，p.5.

婦（一方は20歳以上で可）であること，養子となる子どもが原則15歳未満であること，縁組が子どもの利益のために特に必要である時に成立という条件があります。

「新しい社会的養育ビジョン」で特別養子縁組の推進が示されたこともあり，成立件数は増加しています。2013（平成25）年には，474件だった成立件数が，2021（令和3）年には683件と約1.5倍となっています。

特別養子縁組の普及・啓発活動も積極的に行われています。特に思いがけない妊娠に戸惑っている人，子どもを育てたいと思っている人の双方に対する広報活動が行われています。

一方で，特別養子縁組は実父母との親族関係が終了し，戸籍上にも実親の記載はなされません。続柄も「長男・長女」等の記載となるため，養子が自らの出自を知りたいと思った時に，その情報が保持されていなければ，知る権利を保障することが難しくなります。子どもの権利条約第7条に「児童はできる限りその父母を知り，且つその父母によって養育される権利を有する」とあります。この権利保障のための仕組みを構築することも課題となっています。

2 │ 里　　親

児童福祉法第6条の4に基づいて，要保護児童を養育することを希望する者を指しています。里親には養育里親（専門里親），養子縁組希望里親，親族里親の3種類があります（表6-1）。

里親も養子縁組同様，子どもの生活の場として優先して検討することが進められてきました。その理由は，里親養育には①特定の大人との愛着関係の下で養育され，安心感の中で自己肯定感を育み，基本的信頼感を獲得できる，②適切な家庭生活を体験する中で家族のありようを学び，将来，家庭生活を築く上でのモデルにできる，③家庭生活の中で人との適切な関係の取り方を学んだり，地域社会の中で社会性を養うとともに，豊かな生活経験を通じて生活技術を獲得できる，といった効果が期待できるからです。

里親登録の基本的な要件には，①要保護児童の養育についての理解及び熱意

表 6 - 1　里親の種類

里親の種類	養育里親	専門里親	養子縁組を希望する里親	親族里親
対象児童	要保護児童	次に挙げる要保護児童のうち，都道府県知事がその養育に関し特に支援が必要と認めたもの①児童虐待等の行為により心身に有害な影響を受けた児童②非行等の問題を有する児童③身体障害，知的障害又は精神障害がある児童	要保護児童	次の要件に該当する要保護児童①当該親族里親に扶養義務のある児童②児童の両親その他当該児童を現に監護する者が死亡，行方不明，拘禁，入院等の状態となったことにより，これらの者により，養育が期待できないこと

出所：こども家庭庁「社会的養育の推進について」2023年。

　並びに児童に対する豊かな愛情を有していること，②経済的に困窮していないこと（親族里親を除く），③里親本人又はその同居人が欠格事由（成年被後見人，子ども虐待を行ったことがあるものなど）に該当していないこと，となっています。これらの要件に該当し，養育里親，専門里親，養子縁組里親については，研修を受講し，都道府県児童福祉審議会の意見聴取を経た上で里親名簿に登録されることで，里親となることができます。登録後も 5 年ごとの更新研修を受講する必要があります。

　里親等委託率をみると，2011（平成23）年末には，13.5％であったものが2021（令和 3 ）年度末には23.5％まで上昇しており，里親等で暮らす子どもたちの割合が増えていることがわかります。一方，里親等委託率は自治体間での差も大きく，8.9〜59.3％（令和 3 年度末）とその幅が広いことが明らかとなっています。同時に，里親等委託率の増加幅にも自治体間での差が生じていることから，各自治体の実情に応じた里親等委託の推進が必要な状況となっています。

児童福祉施設は児童福祉法において13種が定められていますが，ここでは，6つの施設等を取り上げます。

1 │ 乳 児 院

乳児院は「乳児（保健上，安定した生活環境の確保その他の理由により特に必要のある場合には，幼児を含む。）を入院させて，これを養育し，あわせて退院した者について相談その他の援助を行うこと」（児童福祉法第37条）を目的とした施設です。具体的には，父母が死亡または行方不明になっている児童，父母等から虐待，養育を放棄されている児童，父母等が疾病等により養育が困難な児童等が対象となります。全国に145カ所，2,351人の子どもが暮らしています（2022年3月末現在）。

乳児院は，その対象を「乳幼児」としていることから，虐待を受けた子どもや障害のある子ども，病気の子どもなど多様な子どもたちが入所しています。その子どもたちへのケアが可能な専門的な養育機能を充実していくことが求められています。また，子育て相談，ショートステイやトワイライトステイを通じて，地域の子育て支援機能を果たすことも期待されています。乳児院の子どもたちの多くに保護者がいることを考えると，保護者が再び子どもを養育することができるよう家庭復帰に向けての支援をすることも重要です。それが見込めない場合には，施設養護の長期化を避け，里親委託を進めるためにも，乳児院の里親支援機能の充実が必要とされています。

2 │ 児童養護施設

児童養護施設は，「保護者のない児童（乳児を除く。ただし，安定した生活環境の確保その他の理由により特に必要のある場合には，乳児を含む。以下この条において同じ。），虐待されている児童その他環境上養護を要する児童を入所させ

て，これを養護し，あわせて退所した者に対する相談その他の自立のための援助を行うこと」（児童福祉法第41条）を目的とした施設です。具体的には，父母が死亡または行方不明になっている児童，父母等から虐待，養育を放棄されている児童等が対象となります。原則として18歳未満の子どもを対象としていますが，必要に応じて延長することが可能です。全国に610カ所，2万3,008人の子どもが暮らしています（2022年3月末現在）。

　児童養護施設の施設形態では，小規模化が進んでいます。これまでに地域小規模児童養護施設（グループホーム）の実施，小規模グループケアの実施（本園型・分園型）が進められてきました。また，社会的養護に関する高い専門性を活かした多機能化も進められています。

3 児童心理治療施設

　児童心理治療施設は，「家庭環境，学校における交友関係その他の環境上の理由により社会生活への適応が困難になつた児童を，短期間，入所させ，又は保護者の下から通わせて，社会生活に適応するために必要な心理に関する治療及び生活指導を主として行い，あわせて退所した者について相談その他の援助を行うこと」（児童福祉法第43条の2）を目的とした施設です。全国に53カ所，1,343人の子どもが暮らしています（2022年3月末現在）。

　児童心理治療施設は，その名称の通り，子どもに必要な心の治療を行うことが目的となります。そのため，社会的養護関係施設のうち，虐待を受けた子どもの割合（78.1%），障がいのある子どもの割合（85.7%）が最も多い施設となります。子どもだけでなく，親を含めたケアとして家族療法を用いた支援を展開しています。

　社会生活への適応が困難な状況になった子どもたちが多く，退所後に戻る学校等に適応するためには，家庭や学校等の環境を整えることが必要となります。そのため，家庭環境の調整や学校との連携等を密に行いながら，自立を進めていきます。

4 │ 児童自立支援施設

　児童自立支援施設は、「不良行為をなし、又はなすおそれのある児童及び家庭環境その他の環境上の理由により生活指導等を要する児童を入所させ、又は保護者の下から通わせて、個々の児童の状況に応じて必要な指導を行い、その自立を支援し、あわせて退所した者について相談その他の援助を行うこと」（児童福祉法第44条）を目的とした施設です。具体的には窃盗を行った児童、浮浪、家出の児童、性非行を行った児童などが対象となります。児童自立支援施設は、少年法に基づく家庭裁判所の保護処分等による入所もあることから、他の社会的養護関係施設と異なり、都道府県等に設置義務が課せられています。

　児童自立支援施設の特徴は、児童心理治療施設と同様、入所児童の半数以上が虐待を受けていることや障害のある子どもも多くなっており、生活を基盤とした、より高度で専門的なケアの提供が求められるようになっています。

5 │ 母子生活支援施設

　母子生活支援施設は、「配偶者のない女子又はこれに準ずる事情にある女子及びその者の監護すべき児童を入所させて、これらの者を保護するとともに、これらの者の自立の促進のためにその生活を支援し、あわせて退所した者について相談その他の援助を行うこと」（児童福祉法第38条）を目的とした施設です。社会的養護関係施設の中で、唯一、母子が一緒に生活する施設となっています。

　母子生活支援施設は、その利用方法が他の社会的養護関係施設と違っています。児童養護施設等は措置という形をとりますが、母子生活支援施設は福祉事務所を窓口として利用を申し込む行政との契約利用型の施設となっています。

　母子生活支援施設は、今日ではDV（ドメスティック・バイオレンス）からの避難や低所得母子世帯への支援が期待される一方、施設間での取り組みの差が大きいことや施設入所という方法でのケアの必要性について問われる側面も持ち合わせています。母子が一緒に生活する場という特徴を活かした親子関係構築への支援、学習機会の提供等子どもの育ちへの支援、子育てからのリフレッ

シュの機会等の子育て支援，地域で生活するひとり親家庭を支援する拠点的な役割等が期待されています。また，望まない妊娠等による母子家庭への対応等，今日の社会状況において生じている課題への対応も今後の課題になっています。

6 ｜ 児童自立生活援助事業（自立援助ホーム）

　児童福祉法第6条の3および第33条の6において，児童自立生活援助事業として，第2種社会福祉事業に位置づけられた事業です。義務教育終了後，里親や社会的養護関係施設の措置を解除された子ども及び都道府県知事が認めた子どもに自立のための援助および生活指導を行うことを目的としています。

　自立援助ホームは，児童養護施設等を措置解除となった子どもが社会で自立した生活を営むことができるまでの間をつなぐことを目的として創設されました。しかしながら，今日では，自立援助ホームを必要としている子どもたちの様相が違ってきています。

　「児童養護施設入所児童等調査の概要」（厚生労働省，平成30年2月1日現在）によると，自立援助ホームの入所経路で最も多いのは家庭から（43.3％）であり，家庭での不適切な養育環境が継続していた子どもが，義務教育終了後の年齢となり，自ら助けを求めて自立援助ホームの利用につながっている可能性があります。自立に向けた就労を前提とする子どもたちばかりではなく，高校や大学等の卒業や進路指導，就職活動等と求められる支援が多様化しています。

　社会的養護を経験した子どもたちへの支援の充実も推進されています。2022（令和4）年の児童福祉法改正において，都道府県の役割として，措置解除後の子どもの実情把握と必要な支援の提供が位置づけられました。児童自立生活援助事業の年齢要件等の弾力化と社会的養護自立支援事業の充実が行われました。新たに，社会的養護自立支援拠点事業が創設され，対象となる子どもの交流を行う場所を開設し，情報の提供，相談・助言，関係機関との連絡調整等を行うこととしています。

⑤　社会的養護に関連する相談機関

　ここまで，社会的養護の体系を「相談機関」「家庭養護」「施設養護」の観点から学んできました。これらの機関や事業等は，社会的養護を直接的な目的としていますが，子ども家庭福祉分野において，社会的養護と関連する相談機関について触れておきます。

1 │ 児童発達支援センター

　児童福祉法第43条に基づき，障害のある子どもを日々保護者の下から通わせて，支援を提供することを目的とする施設です。

　今日，障害のある子ども，特に発達支援を必要とする子どもに対して，高い専門性に基づく支援が必要とされています。児童発達支援センターは地域におけるその中核的な役割を担うことが期待されるようになりました。しかしながら，児童発達支援事業所との違いが明確ではないため，期待される役割を果たすことが難しい状況となっていました。この課題を解決するために，2022（令和4）年の児童福祉法改正において，児童発達支援センターが地域における障害児支援の中核的役割を担うことが明確化されました。障害のある子どもの多様性や家庭環境等に困難を抱えた子ども等に対し，適切な発達支援の提供につなげるとともに，地域全体の障害児支援の質の底上げを図ることを目的としています。これまで「福祉型」と「医療型」に分類されていましたが，2024年4月から一元化が図られることになり，障害種別や程度にかかわらず，身近な地域で支援が受けられる体制となります。

2 │ 女性相談支援センター

　経済的困窮や配偶者からの暴力等，女性が日常生活または社会生活を営むにあたり，女性であることによりさまざまな困難な問題に直面することが多くなっています。これらの女性に対する制度として，売春防止法に基づく婦人保護

事業がありますが，1956（昭和31）年に法が制定されて以降，抜本的な見直しが行われないまま，今日に至っていました。2020年に生じた新型コロナウイルス感染症の蔓延により，困難な状況に置かれた女性たちの生活状況の深刻さが明らかになったことをきっかけに，婦人保護事業の抜本的な見直しが行われました。2022（令和4）年には，「困難な問題を抱える女性への支援に関する法律」（女性支援法）が制定され，2024（令和6）年4月から施行されることとなっています。

　女性支援法では，「女性の福祉」「人権の尊重や擁護」「男女平等」が目的として明確に位置づけられました。これまで売春防止法に規定されていた保護事業を女性支援法に移行し，婦人相談所は女性相談支援センターとして位置づけることとなりました。役割として，①各般の問題について，相談者の立場に立って相談に応ずること又は女性相談支援員若しくは相談を行う機関を紹介すること，②緊急時における安全の確保及び一時保護を行うこと，③心身の健康の回復を図るため，医学的又は心理学的な援助その他の必要な援助を行うこと，④自立生活を促進するため，就労の支援，住宅の確保，援護，児童の保育等に関する制度の利用等について，情報の提供，助言，関係機関との連絡調整その他の援助を行うこと，⑤居住保護を受けることができる施設の利用について，情報の提供，助言，関係機関との連絡調整その他の援助を行うこと，となっています。

3 ｜ 母子健康包括支援センター（子育て世代包括支援センター）

　母子保健法第22条に基づき，妊娠期から子育て期の切れ目ない包括的な支援を目的とした相談機関です。母子保健に関するサービスと地域子育て支援サービスを一体的に提供できるよう，保健師と社会福祉士等の専門職を配置し，運営がなされています。特に支援が必要とされる親に対しては「支援プラン」を作成し，計画的なサービスの提供を行っています。

　2016（平成28）年の母子保健法改正によって成立し，2020（令和2）年度末までに全国の市町村に設置されることを目指して展開がなされてきましたが，

2022（令和4）年の児童福祉法の改正により，子ども家庭総合支援拠点との一体化が図られることとなりました。

本章のまとめ

　社会的養護は，3つの相談機関と8つの養育の提供の場で構成されています。今日では，障害児支援や困難を有する女性支援などとのかかわりも大切になっています。

第 7 章

施設養護の特質

・・・

ポイント

1 施設養護の4つの役割
2 「集団」で暮らすことによる子どもたちの育ち
3 施設養護における「集団」のあり方

1 施設養護の役割

　母子生活支援施設以外の社会的養護関係施設に共通しているのは，「子ども
が保護者と離れて暮らす」ことです。これは，子どもの生命や生活を守るため，
あるいは保護者の下で養育を受けることが望ましくないためとはいえ，手続上，
簡単にできることではありません。子どもの権利条約第9条では，「児童がそ
の父母の意思に反してその父母から分離されないことを確保する」ことを国が
子どもの権利として保障するよう求めています。ただし，「権限のある当局が
司法の審査に従うことを条件として適用のある法律及び手続に従いその分離が
児童の最善の利益のために必要であると決定する場合は，この限りでない」と
も示しています。子どもが保護者から離れて生活をするということは，「父母
から分離されない」という大原則を覆し，権限のある当局が司法に基づいて，
そして何より子どもの最善の利益のために必要であると決定されない限り，行
われてはならないことなのです。

　つまり，社会的養護関係施設には，親子分離に加えて施設養護による措置が
妥当と判断された子どもが入所します。施設養護は，次の4つの役割を担うこ
とになります。

1 | 生活環境を整える

　子どもは「保護者と離れて暮らす」ことになり，それまでの人生との決別を体験することになります。「家族と生き別れ，住み慣れた地域や学校や友人たちとも別れ，大切にしていた物や住み慣れた部屋を失う[1]」といった経験をした後に，施設にやってくることになります。このような経験をした子どもたちの基本的安定感を支えることができるような生活環境を整えることが1つ目の役割です。

2 | 心のケアを行う

　このような経緯で施設入所に至る子どもたちは，多かれ少なかれ，心の傷を抱えることになります。近年，子どもへの虐待の増加による施設入所が増え，心のケアの必要性が高まっていますが，虐待やネグレクトを受けた子どもでなくても，「保護者と離れて暮らす」ということは，子どもの心に何らかの影響を与えることになります。入所前に受けた心の傷，入所することでできてしまった心の傷をケアすること，これが施設養護の2つ目の役割になります。

3 | 家庭での営みを提供する

　子どもたちは家庭の中で家族の一人として暮らすことで，さまざまな経験を重ね，成長発達します。保護者は子どもと生活を共にしながら，子どもへの愛情を示し，子どもの個性を尊重しながらかかわり続けていきます。そこで子どもは自分を無条件で受け入れてくれる人の存在を知り，家族の一員としての営みに参加しながら，社会的な存在として成長していきます。こういった営みを，家庭では，父や母，またはそれに代わって養育する人が経験的に行っています。一方，施設では，職員がこの役割を担うことになります。子どもが育つ場が家庭から施設に変わっても，家庭で営まれていることを職員が代わって行う必要

▷ 1　厚生労働省雇用均等・児童家庭局家庭福祉課（監修）『子どもを健やかに養育するために——里親として子どもと生活するあなたへ』日本児童福祉協会，2003年，p. 42.

があります。これが3つ目の施設養護の役割になります。

4 │ 親子関係を尊重する

　子どもたちは，施設で暮らすことによって保護者や家族から離れることになりますが，親子関係が終わってしまうわけではありません。幼い頃に母親から首を絞められた経験のある，施設で暮らしているYさんは次のように言っています。「ママは，私が夜コンビニに行くだけで『危ない』と言うし，電話くれたときに私が施設にいないと怒る。心配性すぎて嫌なときもあるけど，私にはママしかいない。施設の担当職員はいい人だし，ママよりも長い時間を一緒に過ごしているわけだけど，やっぱりママとは違います。だれもママの代わりにはなれない。私にとってママは，とても大事な存在なんです」。施設入所に至る経緯はさまざまですが，子どもたちは父親や母親との関係を求めていることを理解し，親子関係を保ちながら，生活全般を施設が責任をもって担うこと，これが施設養護の4つ目の役割といえるでしょう。

　施設養護の場面では，このような役割を，施設の特質である「集団での生活」を活かしながら，担っていくことになります。

② 「集団」で暮らすということ

　施設養護は，「種別や規模にかかわらず基本的に血縁関係のない異年齢の子どもたちによる集団生活の場」であるといえます。その特質は，「専門的な知識や技術を身につけた施設職員との人間関係を通じ，個々の子どもが置かれた状況や発達状態に応じて基本的生活習慣や社会性を身につけさせ，自立に向けて援助し，場合によってはさまざまな心身の症状回復や特別な治療的援助もお

▷2　『子どもが語る施設の暮らし』編集委員会（編）『子どもが語る施設の暮らし2』明石書店，2003年，p. 125.
▷3　藤本勝彦「児童養護の原理と形態（2）──施設養護の特質」濃野寛治・合田誠（編著）『養護原理』ミネルヴァ書房，2008年，p. 60.

こなわれる」ということです。つまり，「集団」といっても，無秩序に作られた集団というわけではありません。「子どもの福祉を守る」ために作られたものであり，そのために必要な職員が配置されているのが施設養護での「集団」です。このような集団のことを「人為的機能集団」といいます。人為的機能集団である施設養護は，無秩序に集められた集団とは違い，それぞれがもつ機能を活かしながら展開されています。

1 │ 基本的生活の安定

　施設養護の基本は衣食住をはじめとする，基本的生活の安定を図ることです。人為的機能集団である施設養護は，この基本を専門的な知識や技術を身に付けた職員を通して，子どもたちに提供していきます。母親からの暴力を受けて，施設入所に至ったHさんは次のように語っています。「家にいたときは，ご飯はないし，ねずみがいたし……。施設の前に，一時保護所に入ってまず，三食食べられることに感動しました。家だと，朝はお母さんが寝ているから無しで，夜はご飯抜きのことが多かったんです。『一日二食も食べられたらラッキー』という生活でした」。施設で生活をした後，今は子育てをしているSさんも（施設では）「私は，決まった時間に毎日三食ご飯を食べさせてもらえていたんです。……これはおとなになって思いましたが，何の不安もなく毎日三度の食事にありつけるということの幸せ……これが当たり前のことと思っていましたけれど，子どもを持つ親になったときに，当たり前じゃなかったんだと強く感じました。三六五日，三度の食事は，私が生きるために必要だからと誰かが思ってくれないかぎりできないものです。それは子育てをしながら日々感じることです」と当時を振り返りながら，毎日三食の食事があること，それは人として命の保証をされることだけを意味するのではなく，誰かが自分が生きることを望んでいるという意味があることを語っています。

▷ 4　藤本，前掲書，p. 61.
▷ 5　『子どもが語る施設の暮らし』編集委員会（編），前掲書，p. 162.
▷ 6　同上書，p. 179.

　また，基本的生活の安定の中には，安全な環境の中で安心して暮らすために，適切な大人からの保護や援助が保障されていることも含まれています。前述のＳさんは幼かった頃，施設生活での不安から無断外出・無断外泊を繰り返していた時のことを思い出して，次のように語っています。「幼児のすることですから，公園に行って夕方まで遊んだり，近所のラーメン屋に行って，自分を母親の元へ返してくれと頼んでみたり。入園当時担当の先生は，私が『家出をする』と言い出すと，『行ってらっしゃい』と送り出すのでした。しばらくたって，日が暮れてくると先生がそのたびに迎えに（探しに）来てくれるのですが，でも，怒る素振りなどまったくありませんでした。『さあ，帰ろっか』っておんぶしてくれたときは，本当にうれしくって。そのときの先生の背中の温かさが，今でも感覚として残っているのは不思議です[7]」。

　新しい環境になじめないまま暮らしはじめた子どもにとって，いつも自分に気をかけてくれており，自分の行動を否定することなく，あるがままに受け止めてくれる大人の存在は言葉にならない安心感を与えてくれるものです。職員とのかかわりの中で，子どもたちは安全・安心を実感し，生活の安定を図ることができるのです。

2 ｜ 人間性，社会性の回復

　施設養護では，同じような境遇で育った子ども同士のかかわり，そして受容的な職員とのかかわりの中で生活が営まれていきます。施設にやってきた子どもたちは，他の子どもたちの置かれた家庭環境や親子関係を知ることで，安心したり，勇気づけられたりします。両親がほとんど家におらず，両親に代わって妹と弟の世話をしていたＹくんは，自分の人生を「身体的な虐待を受けている子よりは不幸じゃないけど，一般の子から見れば不幸」だとしながら，「でも，世界にはその僕より不幸な子もいます。みんな自分だけが不幸なわけでもないし，自分が一番不幸なわけではない」と自分の置かれた境遇について振り

▶7　『子どもが語る施設の暮らし』編集委員会（編），前掲書，p.178.

返っています。子どもたちは，家庭で保護者と暮らしていた時には，自分の置かれていた環境を客観的に見ることはなく，施設に入所してすぐの時には「なぜ自分がここで暮らすことになったのか」ととまどいながら生活を始めることになります。しかし，同じような立場にある他の子どもたちとのかかわりの中で，自分の立場を客観的に見ることが可能となり，自分の置かれた環境を受け止めることができるようになります。

　また，集団生活の大きな特質は規則正しい生活やルールがあることです。子どもたちに規則正しい生活を保障すること，ルールや約束事を守ることを伝えていくことは自立した社会人になるために必要なことです。

　この規則正しい生活が施設で生活する子どもたちにとって，最初はとても堅苦しいものになることも事実です。前述のYくんは，次のように述べています。「朝起きる時間に始まって，やることやその時間帯も決まっていることが嫌でしょうがなかった」。彼はそれまでの家庭生活で，あまり縛られた生活をしていなかったと振り返っています。施設入所に至る子どもたちの中には，家庭で当たり前に営まれている規則やルールを経験せずに育っている子がいます。社会の一員として生活する時，家庭であれ，学校であれ，職場であれ，何らかのルールがあることが一般的です。またルールがあることによって，生活する上で必要な知識や技術を身に付けることもできます。そのような経験は，最初は堅苦しいものとしか受け止めることができなくても，次第に生活が安定していくことで，規則やルールの意味を理解していくことができます。

　ただし，この前提には，規則やルールが子どもたちのためのものであって，施設や職員のためのものではないということがあります。施設養護を維持するために，規則やルールが子どものためではなく，施設のため，職員のためになっている場合があります。一般の家庭でも，ルールや約束事がありますが，子どものためであることが前提です。しかしながら，施設では「集団を維持する」という理由を優先せざるを得ない結果，規則やルールが増え，自由や選択

▶8　『子どもが語る施設の暮らし』編集委員会（編），前掲書，p.46.
▶9　同上書，p.39.

の幅が狭くなってしまうことがあります。また家庭という小集団の中では，ルールや約束事を基盤としながらも，信頼のある親子関係のもとに，臨機応変に対応していくことも可能です。大規模な施設では，そのような幅をもたせることが難しくなります。施設養護を営む中で，子どもの成長や自立を促すような規則やルールは必要ですが，同時にその規則が子どもたちのためのものとなっているか，常に問いかける必要があります。そのためには，子どもたちとの話し合いのもと，共にルールを作っていく取り組みも必要です。

　施設での規則やルールは反社会的な行動を行う子どもたちにとって，集団のもつ規制力や生活規則が，行動の改善や社会性の発達に役立つこともあります。児童養護施設から児童自立支援施設に措置変更となったＪくんは，次のように語っています。「教護院（筆者注：現 児童自立支援施設）の生活は厳しかったですよ。それまでは徹夜とか不規則な生活をしていましたから，一日の活動がびっしり決まっていることが，もうしんどかったです。だけど，その生活があって，だいぶ自分は変わりました。朝，起きて，朝食を食べて，掃除して，夜早く寝るというのがふつうになりました」[10]。「懐かしい経験，いい経験がいろいろできた教護院の生活は，僕の中では財産になっています。そういうところでやり直しができずに，めちゃくちゃやってたままで生きていたら，つまらないけんかばっかりしていたと思います」[11]。規則正しい生活を繰り返すことで，行動が改善され，社会性を育てることができた事例といえます。

3 ｜ 相対的な人間関係

　施設では，育ちや価値観，環境などが違った子どもや職員が共に暮らすことになります。育ちが違う，環境が違うということは，それぞれにもっている価値観に違いがあるということです。施設は多様な人間関係が交錯する場であり，それが相対的な人間関係を生み出すことで，子どもの育ちを豊かにするといえます。「施設の生活は，とても勉強になったと思います。…（中略）…年の近

▷10　『子どもが語る施設の暮らし』編集委員会（編），前掲書，p. 105.
▷11　同上書，p. 106.

い施設生活の長い子たちと接することで『考え方がいろいろ違うんだな』とわかったんです。私が当たり前に思っていることが，その子たちにはそうではなかったり，逆に私が考えてもいなかったことが，その子たちにとってはふつうだったり」。子ども同士，似たような境遇や家庭環境に育っていたとしても，そこで培われてきた価値観には違いが出てきます。

　一方，施設生活の長さによっても，ものごとのとらえ方に違いが出てくることもあります。多様な価値観があることを知ることで，物事を幅広く見ることも可能となり，自分自身をある一定の価値観から解放することもできるといえます。

　その一方で，多様な価値観のある中で生活することで，子どもが混乱することもあります。施設は，子どもが職員と一緒に生活を営む場です。特に子どもに直接かかわる担当職員の価値観は子どもに大きな影響を与えることになります。職員もまた，子どもとかかわる中で，自分がそれまで培ってきた価値観を揺り動かされる場面に遭遇することもあります。子どもと職員が互いにそのような経験をしながら，職員は子どもにとって何が大切か考え，子どもは自分が育ってきた家庭やそこでの価値観だけがすべてではないということを学ぶことで，互いに成長していくことができます。

　子どもたちは自分の担当職員との信頼関係を基盤として，他の職員や他の人たちへの関係性を広げていきます。この営みは家庭で行われている親子関係と同じプロセスです。保護者であれ，担当職員であれ，自分をありのままに受け止めてくれる大人の存在は，子どもの自己肯定感を高め，前向きな生き方を子ども自身が獲得することにつながります。

　「……いま，すごく仲のいい職員がいるんです。担当職員ではないんですけど，宿直のときは夜通し話したりします。私がただ一方的に話しているときも，ずっと耳を傾けてくれる，とても優しい先生です。専門学校の試験のときにもお守りをくれました。合格通知が来たときもすぐに知らせたらとても喜んでく

▷12　『子どもが語る施設の暮らし』編集委員会（編），前掲書，p. 116.

94

れました。いつも悩みを聞いてもらったりしています。もちろん担当職員にも何でも話していますよ。でも，担当でなくても，そういうずっと話を聞いてくれるような職員がいるとうれしいです」[13]。何でも話ができる相手がいること，その時，話していることを受容的に聞いてくれていることが，この子の生きる力になっていることがわかります。

　「アルコール依存の母子家庭から虐待を理由に分離保護された小学1年生のA子。酒に酔っては家庭帰省や引取りを要求する母親にほんろうされ，対人関係は不安定となり，不適応行動が目立っていた。ファミリーソーシャルワーカーや担当保育士の地道な親支援，ときに保育士の代理受傷[14]などの繰り返しを経た3年後の小学4年生。担当保育士との関係形成が顕著になると学習やスポーツにも意欲を見せるようになり，母親に向かって"お母さんは好きだけど，お酒を飲むお母さんは嫌い"と気持ちを言葉にできるようになった。やがて母親も子どもの気持ちをくむように，親子関係は安定へと向かった」[15]。担当保育士がA子さんをありのまま受け止め，根気強く関係づくりをすることで，A子さんは成長しようという意欲を見せるようになっています。また自分の気持ちを言葉で表現することもできるようになり，そのことが，母親の気持ちを動かすことにもつながっています。

③　施設養護における「集団」のあり方

　ここまで社会的養護を必要とする子どもたちが「集団」で暮らすことの意味について述べてきました。今日では，この「集団」の力を活かした支援を入所している子どもたちが必要とする支援にどうつなげていくかが課題となってい

▷13　『子どもが語る施設の暮らし』編集委員会（編），前掲書，p.126.
▷14　さまざまな問題を抱えた子どもへの支援の結果，保育士自身も大きなストレスを抱えること。二次受傷。
▷15　全国社会福祉協議会・全国児童養護施設協議会『この子を受けとめて，育むために——育てる・育ちあういとなみ（児童養護における養育のあり方に関する特別委員会報告書）』2008年，p.45.

ます。特に虐待を受けた子どもたちが増加している中で，子どもの「集団」の規模について，改めて考えなければなりません。個別的に丁寧にかかわりを重ねていくことで，子どもたちの自尊心や信頼感を回復していく営みが求められています。また，集団の規模が大きくなればなるほど，子どもたちに対して規則やルールを課すことになります。その結果，自由が制限されたり，選択の機会が少なくなってしまうことがあります。そのためプライバシーの侵害や管理的にならざるを得ない場面も出てきます。

グループホームやファミリーホーム，小規模グループケアといった施設のあり方は，「集団」の単位をできるだけ一般的な家庭に近づけることで，子どもたちによりよい生活環境を提供していこうとする取り組みです。子どもたちは子ども同士で育ち合う存在でもあります。子どもにとって最適な集団のあり方はどのような形なのか，子どもの最善の利益の視点から考えていく必要があります。

本章のまとめ

　子どもが保護者等と離れて暮らす施設養護は，「親子は分離されない」という原則を超えて，子どもの最善の利益を守るために実施されています。どの施設での生活も，子どもの権利を守り，その成長や発達を支えるものであるために，保育者は原理原則に基づく養育の提供を行うこととなります。

第8章

施設養護の基本原理

$\bullet\quad\bullet\quad\bullet$

ポイント

1 施設養護における「養育」とは何か
2 社会的養護関係施設の運営指針にみる6つの原則
3 こども基本法に基づく6つの基本理念

1 施設養護における「養育」と運営指針

　施設養護が担う「養育」とは何でしょうか。保護者と一緒の生活が分断された子どもたちに，どのような養育を提供することが求められているのでしょうか。全国児童養護施設協議会では，児童養護施設が行う養育を「子どもが自分の存在について，『生まれてきてよかった』と意識的・無意識的に思い，自信がもてるようになること」を目的とした営みであるとしています。そのためには，自分を安心して委ねることのできる大人の存在が必要になってきます。保護者に代わる，そのような養育者とのかかわりを通じて，「生きていることそのものを尊び，自分を大切と受けとめられていくことによって，自分や世界（自分のまわりの人，もの，こと，ひいては世の中）を受け入れ，それらに関心を向け，関係をもとう」になっていきます。

　養育は，何気ない毎日の生活の積み重ねの中で行われていきます。日常的な衣食住にかかわることだけでなく，場面場面に応じた適切な言葉かけ等，一つ

▷1　全国社会福祉協議会・全国児童養護施設協議会「この子を受けとめて，育むために──育てる・育ちあいといとなみ（児童養護における養育のあり方に関する特別委員会報告書）」2008年，p.6.
▷2　同上論文，p.6.

ひとつは平凡でささいなことであっても「あなたのことを気にかけている」ことが伝わるような言葉かけや振る舞いが連続的，継続的に積み重ねられることで，この目的に近づくことができるといえるでしょう。

施設養護の現場では，この「養育」を個々の子どもたちの状況に合わせて展開することになります。そのためには，職員に必要な専門的知識や技術を支える基本原理を確認することが大切です。

今日では，子ども虐待やネグレクトをはじめとする，保護者による養育が不適切なために施設入所に至っているケースが大多数であり，心のケアにつながる養育を提供することとなります。子どもへのケアに加えて親子関係の調整なども重要な役割となっています。

社会的養護関係施設における養育の基本的な理念・原則として，厚生労働省は2012年３月に「社会的養護施設運営指針及び里親及びファミリーホーム養育指針」を発表しました。従来，社会的養護における養育内容は，各施設や法人の主体性，里親個人等に任されていました。社会的養護を必要とする子どもたちの多様化やそれに伴う職員の資質向上が求められる今日，社会的養護関係施設や里親・ファミリーホームにおいて，どのような理念に基づき，何を原則とした養育が求められているかを明確にすることが必要です。各施設には運営指針に基づいた養育を行うと同時に，そのサービス内容が適切であるかどうかを客観的に判断する「第三者評価」が義務づけられています。社会的養護にかかわる人たちは，各施設の運営指針で示されている内容を理解し，日々実践を積み重ねています。

運営指針及び養育指針は，施設種別及び里親・ファミリーホームごとに作成されています[3]。本章では，それらに共通する基本理念及び６つの基本原理について確認していきます。

▷ 3　こども家庭庁 HP「社会的養護の指針」(https://www.cfa.go.jp/policies/shakaiteki-yougo/)
　　参照。

② 運営指針における社会的養護の基本理念

　運営指針では，社会的養護の基本理念として，国が示す社会的養護の定義に基づき「子どもの最善の利益のために」と「すべての子どもを社会全体で育む」を掲げています。児童福祉法に基づく社会的養護全体の基本理念を踏まえた上で，施設養護における基本原則について学んでいきましょう。

1 ｜子どもの最善の利益のために

　児童福祉法第 1 条では，「全て児童は，児童の権利に関する条約の精神にのつとり，適切に養育されること，その生活を保障されること，愛され，保護されること，その心身の健やかな成長及び発達並びにその自立が図られることその他の福祉を等しく保障される権利を有する」とあり，子どもの権利が明確に示されています。その中でも，社会的養護の基本理念として，子どもの権利条約第 3 条の「子どもの最善の利益」が取り上げられています。第 3 条は「児童に関するすべての措置をとるに当たっては，…（中略）…児童の最善の利益が主として考慮されるものとする」と規定されており，社会的養護のあり方を示しています。生まれた家庭で生活することが困難となった子どもが，誰とどこでどう過ごすのかを決める際，子どもにとって最も望ましいあり方はどのような形なのかという視点を持つことを示しています。また，その際，児童福祉法第 2 条で示される「全て国民は，児童が良好な環境において生まれ，かつ，社会のあらゆる分野において，児童の年齢及び発達の程度に応じて，その意見が尊重され，その最善の利益が優先して考慮され，心身ともに健やかに育成されるよう努めなければならない」とあるように，子どもの年齢や発達の程度に応じた子どもの意見が尊重されることが求められます。

2 ｜すべての子どもを社会全体で育む

　国が示す社会的養護の定義には，「保護者のない子どもや，保護者に監護さ

せることが適当でない子どもを，公的責任で社会的に養育し，保護するとともに，養育に大きな困難を抱える家庭への支援を行うこと」（こども家庭庁 HP を一部修正）とあります。また前述のように児童福祉法第 2 条には，国に対して子どもの健やかな成長のために努めるべきことが示されています。社会的養護が，子どもの権利擁護の仕組みであることを考えると，公的責任であることは当然のことですが，ここには「社会的に」という言葉が含まれています。「社会的に」が意味することは，行政等の公的機関のみがこの役割を担うのではなく，社会を構成する多様な組織や団体，地域等が含まれていることを示しています。児童養護施設等の入所施設で暮らす子どもたちを含め，子どもは，暮らす場がどこであっても，公的な支援だけでなく，地域にある多様な担い手によって，社会全体で育てられることが示されています。

③ 運営指針における基本原理

1 家庭的養護と個別化

　1つ目は「家庭的養護と個別化」です。里親や入所型施設といった養育を受ける場所に関係なく，すべての子どもたちに「あたりまえの生活」を提供していくことを示しています。「あたりまえの生活」つまりノーマライゼーションの実現という視点から，社会的養護におけるサービスを見直す必要があります。子どもたちにとってノーマライゼーションの実現につながる「あたりまえの生活」とはどのような生活でしょうか。ニィリエ（Nirje, B.）はノーマライゼーションの 1 つの形として「ノーマルな 1 日，ノーマルな 1 週間，ノーマルな 1 年」という見方をしています。みなさんが子どもの頃，「ノーマルな 1 日」つまり，その 1 日の過ごし方がごく普通であって，それが実現できた「あたりまえ」な過ごし方とはどのような 1 日だったでしょうか。友達と遊ぶ，勉強をする，趣味の時間をもつ，食べたいものを食べる……。いろいろ考えられるかと思います。これらのことが可能となるのは，みなさんが子どもの頃，適切な養

育環境が用意されていたこと，そして安心して自分を委ねることができる大人がいたからできたことです。また，みなさん一人ひとりの個性や状況を理解して，寄り添いながら育ててくれた大人の存在があるからといえます。この「あたりまえの生活」を実現していくためには，生活単位をできるだけ小さくすること，生活環境や養育者のあり方を家庭の形に近づけていくことで可能となります。なお，基本原理では「家庭的養護」と示されていますが，ここには養子縁組や里親家庭での暮らしを示す「家庭養護」と，少人数で家庭的な環境での暮らしを示す「家庭的養護」の両方が含まれています。

　また，子どもたち一人ひとりの個別的な状況を十分に配慮しながら養育されることが大切です。人は生まれながらに平等であるといわれます。この原理に変わりはありませんが，その存在自体は平等であっても，個々人が置かれている社会状況，育ってきた環境によって，培われていく価値観は違っています。人はその価値観に基づいて行動したり，判断したりしています。その結果，人生で起こる問題や課題に対して，どのように対応，対処するかが違ってきます。施設で暮らす子どもたちが，目の前で起こるさまざまな出来事に対してどのように対応していくかは，その子どもがそれまでに培ってきた価値観に基づくものであり，さまざまな要素が複雑に絡み合ったものとして理解し，支援する必要があります。

　ここで大切になってくるのは，子ども一人ひとりを大切にしたいという職員の姿勢です。ある施設職員は次のように言っています。「子ども一人ひとりがみんな『自分はひいきされている』と感じるぐらいのケアをしたい」。子どもたち一人ひとりが「自分は○○さんから特別扱いされているんだ」と思えるぐらい，個別的なケアを提供したいという思いです。個別的なかかわりを重ねることで，子どもたち一人ひとりがその存在意義を認めることができるようになります。

2 ｜ 発達の保障と自立支援

　2つ目は「発達の保障と自立支援」です。子どもはそのすべての時期におい

て成長・発達する存在です。子ども一人ひとりがその子のペースに応じた発達ができるように支えることが養育者の役割です。また子ども期は，成人期に向けた準備の期間であるともいえます。社会的養護関係施設で暮らす子どもたちにとっても，この時期の発達が保障されることが大切です。特に人生の基礎となる乳幼児期では，大人との基本的な信頼関係の形成が重要となってきます。子どもは大人との信頼関係をもとに，自分や他者の存在を受け入れていくことができるようになります。養育者との丁寧なかかわりや関係づくりが子どもの発達を促すことにつながります。そのためにはまず，子どもの発達を理解すること，その上でただ「育てる」だけでなく，どのようなかかわり方が子どもの発達を促すことにつながるのかを習得することが大切です。

このような養育者との信頼関係を基盤に，子どもは自立していきます。ある自立援助ホームの施設長の言葉に次のようなものがあります。「自立とは，他者を適度に受け入れ，他者に適度に依存できるようになった時に始まる」。自立とは，すべてのことを自分でできるようになることではありません。自分にできることを知り，できないことに対しては，他者の支援を受けながら共に実現していくことではないでしょうか。他者の支援を受けることは，その人を信じることや信じてみようという思いをもつことで可能となります。それには，子ども期に他人を信じる経験が必要です。発達保障と自立支援は社会的養護で育つ子どもたちにとって，その人生を支える柱となります。

3 │ 回復をめざした支援

3つ目は「回復をめざした支援」です。社会的養護を必要とする子どもには，その子どもの成長や発達に応じた支援に加えて，虐待体験や分離体験による悪影響からの癒やしや回復をめざした専門的ケアや心理的ケアなどの治療的な支援も必要です。

近年，子ども虐待をはじめとする，子どもにとって望ましくない養育環境での育ち，経験等が成人期に与える影響が明らかになってきました。幼児期逆境体験（Adverse Childhood Experience：ACE）とは，虐待，貧困，親の精神疾患，

家庭内暴力，離婚や別居や親の服役等による親の不在体験といった体験のことを指します。これらの経験をした子どもたちが成人になった時，健康を損なうことや自死等と強い相関があることが指摘されています[4]。また，児童養護施設退所児童の ACE 得点が高い群が半数を超えていることから，年齢によって途切れることのない継続的な支援の必要性も指摘されています。同時に，ポジティブな子ども時代の体験（Positive Childhood Experience：PCE）は，成人期の精神および人間関係の健康と関係があり，ACE とは独立して作用することが明らかにされつつあることを指摘しています。子どもにとって，社会的養護関係施設につながる以前の経験がもたらす影響の大きさについて，社会全体で共有する一方で，ACE が高いことがそのまま成人期の健康につながるわけではないこと，施設において，いかに PCE につながる体験を提供することができるかを考える必要があります。

4 ┃ 家族との連携・協働

4つ目は「家族との連携・協働」です。これまで社会的養護の役割は，親に代わって子どもを養育することが中心でした。今もその役割の重要性に変わりはありません。しかし近年，社会的養護と子育て支援の連携の重要性が指摘されるようになりました。それは，現代の社会的養護ニーズが，親がいても適切な養育を受けることのできない子どもたちへの養育が中心となってきているためです。そのため，社会的養護は，そのような子どもたちを公的な責任で社会的に養育するだけでなく，養育に困難を抱える家庭を支援することも含まれるようになってきました。社会的養護と子育て支援が重層的に連携する必要性が高まっているのです。

社会的養護関係施設と家族との連携・協働は，子どもの権利擁護のために欠かせない基本理念ですが，具体的にはどう連携・協働することが望ましいのでしょうか。社会的養護を経験した子どもたちの親との折り合いのつけ方は，①

▷ 4　石田賀奈子「児童養護施設を経験した若者の幼少期逆境体験に関連する要因」『厚生の指標』69(12)，2022年，pp.16-22.

完全に距離を置く，②葛藤の中で親子関係を維持する，③親からの虐待を自分の責任と受け止める，④里親や養親家庭で暮らす，の4つの代表的なパターンに整理することができます。これらのパターンを通じて「肯定する，受容する，否定する──パターンはいろいろであるが，ほとんどの子どもが親のことを気にして」います[5]。社会的養護関係施設と家族との連携・協働のあり方を考える時，子どもが親とどのように折り合いをつけようとしているのか，それが子どもの真の思いなのかどうかも含めて，連携・協働のあり方を検討することとなります。

5 | 継続的支援と連携アプローチ

5つ目は「継続的支援と連携アプローチ」です。社会的養護は，その始まりからアフターケアまでの継続した支援と，できる限り特定の養育者による一貫性のある養育が望まれています。

社会的養護を必要とする子どもたちの中には，20年近く施設で暮らす子どもたちがいます。人生において最も成長発達する時期を，継続したかかわりの中で過ごすことは，子どもたちが自己を確立する上で大切なことです。

一般的な家庭で育つ子どもたちにとっては，一定の養育者の下で育つことはごく当たり前のことで，保護者や祖父母なども含めた親族等の中で安定したかかわりを受けながら育つことになります。しかしながら，施設養護においては，一定の養育者を維持することが難しいのが現状です。

社会的養護における養育は，人とのかかわりをもとにした営みです。子どもが歩んできた過去と現在，そして将来をよりよくつなぐために，一人ひとりの子どもに用意される社会的養護の過程が，つながりある道すじとして，子ども自身にも理解されるようなものであることが必要です。

そのためにも，子どもたちにはできるだけ，養子縁組や里親といった家庭養護を提供することが望まれます。家庭養護では，養育者が住む家庭に子どもた

▷5　月刊福祉「My Voice, My Life」企画委員会（編）『My Voice, My Life ──届け！　社会的養護当事者の語り』全国社会福祉協議会，2022年，p. 119.

ちが加わることとなります。養育者の家庭では，その環境を経験することで，子ども自身も自らの人生が分断されることなく，つながっていることを実感することができます。施設養護では，子どもが自らの人生や生活の見通しやつながりを理解できるような働きかけが必要です。子どもの成長の記録等を残していくことはその1つの取り組みといえるでしょう。

　また，子どもの人生の継続性は，かかわる多様な大人の存在によっても確保することができます。児童相談所等の行政機関，里親，社会的養護関係施設，学校などのさまざまな大人の存在が，それぞれの専門性を活かしながら巧みに連携して，一人ひとりの子どもの社会的自立や親子の支援を目指していく社会的養護の連携アプローチが求められています。

　社会的養護の担い手は，同時に複数で連携して支援に取り組んだり，支援を引き継いだり，あるいは元の支援主体が後々までかかわりをもつなど，それぞれの機能を有効に補い合い，重層的な連携を強化することによって，支援の一貫性・継続性・連続性というトータルなプロセスを確保していくことが求められています。

6 │ ライフサイクルを見通した支援

　6つ目は「ライフサイクルを見通した支援」です。社会的養護の下で育った子どもたちが社会に出てからの暮らしを見通した支援を行うとともに，入所や委託を終えた後も長くかかわりをもち続け，帰属意識をもつことができる存在になっていくことが重要です。

　社会に出てからの暮らしの見通しとして，社会的養護で育った子どもたちが家庭をもち，本人が望む形で子どもを育てることができるように支援していくことも含まれています。現在，社会的養護の大きな課題として虐待や貧困の世代間連鎖がいわれています。子育ては本能的に行われるものではありません。学びととまどいを繰り返しながらの営みです。虐待をしてしまう保護者自身が，自分の親から適切なかかわりを経験していなかったり，子育てにおける支援や助言を受ける機会がなかった結果，適切な養育ができないというケースも多く

なっています。社会的養護関係施設での支援を通じて，まわりからの支援を得ながら，自分の家族や家庭の中で幸せな生活を営んでいる人，子育てを楽しんでいる人たちがいます。施設養護がそのような場であると同時に，退所後も子どもたちの拠り所として機能することが求められています。

④　こども基本法と施設養護

　ここまで，社会的養護関係施設の運営指針で示されている 6 つの基本原理について示してきました。2023（令和 5 ）年，子ども家庭施策を統括するこども家庭庁が誕生しました。同年，こども基本法が施行されています。こども基本法第 3 条には，こども家庭施策に関する次の 6 つの基本理念が掲げられています。

① 　全てのこどもについて，個人として尊重され，その基本的人権が保障されるとともに，差別的取扱いを受けることがないようにすること。
② 　全てのこどもについて，適切に養育されること，その生活を保障されること，愛され保護されること，その健やかな成長及び発達並びにその自立が図られることその他の福祉に係る権利が等しく保障されるとともに，教育基本法（平成18年法律第120号）の精神にのっとり教育を受ける機会が等しく与えられること。
③ 　全てのこどもについて，その年齢及び発達の程度に応じて，自己に直接関係する全ての事項に関して意見を表明する機会及び多様な社会的活動に参画する機会が確保されること。
④ 　全てのこどもについて，その年齢及び発達の程度に応じて，その意見が尊重され，その最善の利益が優先して考慮されること。
⑤ 　こどもの養育については，家庭を基本として行われ，父母その他の保護者が第一義的責任を有するとの認識の下，これらの者に対してこどもの養育に関し十分な支援を行うとともに，家庭での養育が困難なこどもにはで

きる限り家庭と同様の養育環境を確保することにより，こどもが心身とも
に健やかに育成されるようにすること。

⑥　家庭や子育てに夢を持ち，子育てに伴う喜びを実感できる社会環境を整
備すること。

今後，こども基本法の 6 つの基本理念に応じた施設養護のあり方を推進する
ことになります。

> **本章のまとめ**
>
> 　施設養護での基本理念は「子どもの最善の利益のために」と「すべての子ども
> を社会全体で育む」であり，それに基づいて 6 つの基本原理が運営指針として示
> されています。今後，こども基本法の基本理念を踏まえた施設養護の展開が求め
> られています。

第9章

施設養護の実際：日常生活および自立支援

・・・・

ポイント

1 子どもの生活の場，育ちの場としての施設の役割
2 施設養護における日常生活支援の内容と意味
3 施設養護における自立支援の必要性と実際の内容

① 施設養護の役割とは

　子ども期は，成長・発達の途中にあり，身体的な発育はもちろんのこと，まわりの人や環境から守られ，影響を受けながら社会的に自立した存在となっていくための基盤が作られる大切な時期です。しかし，施設で暮らす子どもたちは，生きていく基盤を形成する大切な時期に，最も安心かつ安全な場所であるはずの家庭から離れて育つことになります。加えて，施設に入所するまでの家庭環境において，保護者による不適切なかかわり，不安定な養育環境の中で，安心や安全といった感覚を身に付ける機会を得ることができなかった子どもたちも少なくありません。

　施設養護の基本的なねらいは，単に衣・食・住といった生活の基本を満たすことにとどまりません。それは日常生活全体を通じて，子どもたちの生活，社会関係の形成や拡大に努め，子どもたちの豊かな育ちと，年齢に応じた生活の自立を図ることにあります。つまり，施設養護は子どもたちの「この世界は安全で，私は守られている」という感覚の獲得，あるいは回復を目指す社会福祉実践です。

　そのためには，子どもの日常生活支援を基本としつつ，子どもの心のケア，保護者への支援，地域とのかかわりなど，施設職員は目の前の子どもだけでは

109

なく，子どもの心や，子どもを取り巻く環境への幅広い支援を行うことが求められます。本章では，その中でも子どもの日常生活場面での支援の実際に焦点を合わせて学んでいきましょう。

② 日常生活支援の実際

1 │ 日常生活支援とは

　児童福祉施設の設備及び運営に関する基準第45条第1項では，児童養護施設における生活指導について「児童の自主性を尊重しつつ，基本的生活習慣を確立するとともに豊かな人間性及び社会性を養い，かつ，将来自立した生活を営むために必要な知識及び経験を得ることができるように行わなければならない」と規定しています。

　基本的生活習慣には，生活リズムの形成，遊びや余暇の保障，学習支援などが挙げられます。多くの施設では日課（表9-1）とよばれる1日のおおまかな流れを決めたスケジュールが定められています。子どもたちは，集団での規則正しい生活を通して，基本的な生活習慣を身に付けていきます。

　また，余暇活動として，ひなまつりや七夕といった季節を感じるような行事やスポーツ大会などのプログラムが用意されています。表9-2は年間行事計画の一例です。

2 │ 子どもたちの生活形態

　児童養護施設の子どもたちの生活形態には，大きく分けて大舎制・中舎制・小舎制の3つがあります。また，生活のグループも年齢ごとの横割り型，縦割り型など，施設によって異なります。大舎制とは大きな建物に生活に必要な設備がすべて配置されており，大人数の子どもたちが一つの日課に従って生活する形態です（図9-1）。小舎制は，同一敷地内にいくつかの家屋があり，それぞれに生活に必要な設備が設けられており，少人数の子どもたちに分散して生

表9-1　ある児童養護施設の子どもたちの日課表の例

時間	平　日	休　日
6：30	起床・洗面	起床・洗面
7：00	朝　食	清　掃
8：00	(小中高生) 登校	朝　食
9：00	(幼児) 幼稚園登園	(幼児) 保育・遊び
		(小中高生) 自由時間・TV
10：00	((幼児) 未就園児) 保育・遊び	
11：00		
12：00	((幼児) 未就園児) 昼　食	(全体) 昼　食
13：00	((幼児) 未就園児) お昼寝	(幼児) お昼寝
		(小中高生) 外出・TV
14：00	(幼児) 幼稚園降園	
15：00	(幼児) 未就園児お昼寝起床・おやつ	(幼児) お昼寝起床・おやつ
	(小学生) 順次下校・学習	
16：00		
17：00	(幼児) 入　浴	(幼児) 入　浴
		(小学生) 帰　園
18：00	(中高生) 帰　園	(中高生) 帰　園
	(全体) 夕　食	(全体) 夕　食
19：00	(小学生) 入浴・TV	(小学生) 入浴・TV
	(中高生) 自由時間・学習	(中高生) 自由時間・学習
20：00	(幼児) 就　寝	(幼児) 就　寝
21：00	(小学生) 就　寝	(小学生) 就　寝
22：00	(中高生) 学習終了・自由時間・入浴	(中高生) 入　浴
23：00	(中高生) 就　寝	(中高生) 就　寝

出所：筆者作成。

表9-2　ある児童養護施設の年間行事の例

	主な行事		主な行事
4月	入園式，小中高入学式 お花見	10月	衣替え ハイキング 幼稚園，小中学校運動会
5月	スポーツ大会	11月	七五三
6月	衣替え 遠　足	12月	クリスマス会 餅つき 門松つくり 冬休み帰省
7月	七夕 大掃除 海水浴	1月	お正月 どんど焼き
8月	夏休み帰省 キャンプ	2月	節分豆まき
9月	観月会	3月	ひなまつり 卒園式，小中高卒業式 卒園を祝う会 大掃除，部屋替え 春休み帰省

出所：筆者作成。

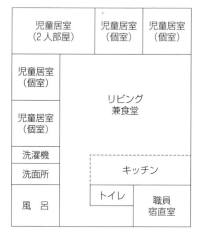

相談室	児童居室 (4人部屋)
ホール 兼食堂	児童居室 (4人部屋)
	児童居室 (4人部屋)
	児童居室 (4人部屋)
男子トイレ	児童居室 (4人部屋)
洗面所	
女子トイレ	児童居室 (4人部屋)
洗濯場	児童居室（個室）
脱衣場	児童居室（個室）
浴 室	児童居室（個室）
宿直室	児童居室（個室）

・児童数20名以上。
・原則相部屋，高年齢児は個室の場合もある。
・厨房で一括調理して，大食堂へ集合して食べる。

図9-1 大舎制施設の一例

出所：こども家庭庁支援局家庭福祉課「社会的養育の
推進に向けて」2023年，p.112.

児童居室 (2人部屋)	児童居室 (個室)	児童居室 (個室)
児童居室 (個室)	リビング 兼食堂	
児童居室 (個室)		
洗濯機		キッチン
洗面所		
風 呂	トイレ	職員 宿直室

・児童数6名。
・原則個室，低年齢児は2人部屋など。
・炊事は個々のユニットのキッチンで職員が行い，
児童も参加できる。

図9-2 小規模グループケアの一例

出所：図9-1と同じ。

活する形態です（図9-2）。

　近年の社会的養護の方向性としては，生活形態を小規模化する方向にあります。2001年より制度化された地域小規模児童養護施設や，グループホームなどに取り組む施設も見られます。

　2012年3月には社会的養護の施設等の種別ごとに施設運営指針が策定され，そこでは「家庭的養護と個別化」が社会的養護の原理の第1番目に掲げられました。子どもの生活環境をより家庭的なものに近づけていくために，小規模ケアの実践の普及が望まれます。

3 日常生活支援の実際

　これまで述べてきた基本的生活習慣とは，社会で生活していく上で必要とさ

れる行動規範や生活態度とも言いかえることができます。子どもたちが生活に欠かせない基本的な欲求，つまり食事や排せつ，睡眠，衣類の着脱などにかかわるような基本的な生活習慣を身に付けられるよう支援することも施設養護の大切な役割です。

┌─ 日常生活でのかかわりの実際 ─────────────────────

　4歳のふうとくんは，お父さんの失業で住居を失い，一時は両親とともに路上生活を送っていました。施設に入所したその日も，いすに座るのをいやがって食事中も立ち歩いたり，お箸もスプーンも使わずに手づかみで食事を食べたりといった行動が見られました。保育士はいすに座るよう声をかけるのですが，思うようにいかないと感じたふうとくんはかんしゃくを起こして泣き出してしまいました。

└──

ふうとくんに対して，職員としてどのようにかかわっていけばよいのでしょう。こんな時は，「今・ここ」の様子だけではなく，これまでにふうとくんが置かれてきた環境も含めて原因を探っていきます。これまでの不安定な生活の中では，基本的な生活習慣を身に付ける機会が十分保障されていなかったのではないかという点に配慮する必要があるでしょう。そのような時，「4歳だからこれくらいはできて当たり前」という考えに基づいて支援するのではなく，入所に至るまでの背景や，一人ひとりの発達の状況に応じたかかわりから始めていくことが大切です。施設の職員たちは，担当保育士を中心にふうとくんへのかかわりを話し合いました。最初は手助けをすることから始めてみようという方針でふうとくんにかかわりました。また，時には保育士がお手本を見せることで，ふうとくんのやる気を引き出そうと試みました。さらに，できないことを注意するよりも，できたことに対して「じょうずにスプーンが持てているね」「いすに座ってじょうずに食べられたね」とほめることを意識しました。保育士やまわりの子どもたちとの関係が深まってくるにつれ，ふうとくんはまわりの様子を見ながら，少しずつ食事の場面に慣れていきました。自分にもで

きた，一人でできたという経験が自信につながったのか，歯みがきや着替えなど，それまで声かけをされてもなかなか取り組めなかったことも，自分から積極的に取り組むようになりました。

　子どもたちは身近な大人の生活態度や行動様式，考え方や価値観などを自分の中に取り込みながら，「自分」を作っていきます。そのため，職員は自身の言動や態度に気を配り，繰り返し子どもたちに模範を示すことが大切です。また，時には問題行動を起こすことによって大人の関心を引こうとする場合があります。そのような時，子どもの挑発に乗ってやりとりをしてしまうと，子どもは「問題行動を起こせば大人は自分を見てくれる」というパターンを学んでしまうかもしれません。そのような場合も，望ましくない行動にはできるだけかかわらず，望ましい行動をとった時にほめるよう心がけていくよう方針を打ち出し，職員集団全体で共有していくことが大切です。

4 ｜ 学習支援の実際

　子どもは皆，教育を受ける権利をもっています。しかし，施設での養護実践においては，施設入所までの家庭生活において，必要かつ適切な学習環境が保障されていなかったという子どもたちに出会うことは珍しくありません。その背景には，たとえば保護者からの虐待により不安定な精神状態に置かれていたために勉強が手につかなかったり，保護者から登校を禁止され不登校状態に陥っていたりといった，子どもたちそれぞれの事情が存在します。そのため子ども自身が本来もっている能力が発揮できずにいた可能性があるということを理解したうえで，職員は子ども一人ひとりの学習能力に応じて学習保障していくことが求められます。

┌─ ボランティアの力を活用した学習支援の実際 ─────
　「こんにちは！」施設の玄関に現れたのは，大学生の坂本さんです。指導員と一緒に坂本さんを出迎えるみのるくんは中学2年生。「何しに来たんだよ，別に来なくてもいいのに」と言いながら，うれしさを隠すことができず，にこにこし

ています。坂本さんは大学で社会福祉を学んでおり，学習ボランティアとして週に1回施設を訪れます。みのるくんは入所前，お父さんと2人で暮らしていました。お父さんは仕事が忙しく，みのるくんの養育を十分に行うことができませんでした。そのため，小学5年生の時に施設に来るまで，学校も休みがちで，自宅でゲームをしたり，テレビを見たりして過ごしていたと言います。中学生になった今も学校の授業からは遅れがちです。坂本さんとの学習の時間は，みのるくんにとって，これまでの勉強の遅れを取り戻すためにももちろん重要ですが，大学生のお兄さんを一人占めしてゆっくりかかわってもらえるという意味でも，とても貴重な時間になっています。

　子どもたちの学習への意欲を高め，学習の遅れを少しずつ取り戻していけるように支援するには，施設での職員による個別の学習指導が効果的です。しかし，現状の職員数から実際に個別対応を行うことは非常に困難です。そのため，事例のように大学生のボランティアを活用することもあります。

③　自立支援の実際

1│自立とは

　一言で「自立」と言っても，その概念やとらえ方はさまざまです。広辞苑には「他の援助や支配を受けず，自分の力で判断したり身を立てたりすること」とあります。また，厚生労働省の『子ども虐待対応の手引き』では，自立には，①経済的職業的自立，②心理的社会的自立，③生活技術的自立といった側面があるとしています。

　基本的には，自立という言葉は，自分以外の人々の援助を受けずに，自らの力によってものごとを進めていく力を身に付けることを指しているといえます。

▶1　厚生労働省『子ども虐待対応の手引き』有斐閣，2009年，p.16.

しかし，私たちは日々の暮らしの中で，自分一人では解決困難な事態にしばしば出会います。そのような時には誰かの力を借りて問題解決を図ることになります。したがって，困った時に誰かの助けを借りることは生活する上で大事なスキルなのです。施設養護においては，他人の力を一切借りず，すべてを自分の力のみで行えることだけが自立ではないという視点で子どもたちを支援していくことが必要です。

このような考え方に立って施設養護における自立の意味を考えると子どもたちが他人の支援を受け入れつつ，自己決定権を失わないで生きていく力を身に付けることといえます。児童養護施設運営指針には「子どもが自分の生を受けとめるためには，あるがままの自分を受け入れてもらえる大人との出会いが必要である。「依存」と「自立」はそうした大人との出会いによって導き出され，成長を促される」とあります。施設職員には，この自立の意味を理解した上で支援することが求められています。

そのためにまず必要なのは，子どもと職員の間での信頼関係を育むことです。日常の生活の中で，困った時には職員をはじめとする他者から助けてもらえるという体験を積み重ねることによって，虐待などで心に傷を受けた子どもの自尊感情や，人間への基本的信頼感を回復させることができます。そして他者との愛着関係が形成されることで，将来社会人として自立していくための備えをすることができます。従来の施設養護における自立支援においては，生活自立や経済的自立に向けた支援が中心であり，このような視点が不十分でした。しかし，子どもたちが一緒にいて安全だと感じられる大人との間にしっかりした信頼関係を形成することも，施設における自立支援の重要な課題なのです。

2 ｜ 入所時の対応：自立支援の実際①

自立支援は子どもが施設で生活することが決まった時から始まるといえます。不安や心配な気持ちでやってくる子どもたちに施設が「安心・安全」な場であることを伝えることが大切です。

┌─ 受け入れられているという感覚を伝える ─────────────┐

　はるなちゃんは小学3年生。夏休みにお母さんが入院することになり，児童相談所の一時保護所で生活していましたが，入院が長引くことになったので，児童養護施設への入所が決まりました。

　はるなちゃんは，入所に先立って児童相談所の児童福祉司につれられて施設を見学しにきました。鈴木保育士は，一通り施設の中を案内すると，面接室ではるなちゃんに「子どもの権利ノート」を見せながら，施設での生活について説明しました。鈴木保育士は，「はるなちゃん，お母さんのことや施設での生活や，心配なことはいろいろあると思うけど，あなたがここに来るのをみんなで待っているからね」と，はるなちゃんににっこり笑顔を向けました。やや緊張気味だったはるなちゃんも，鈴木保育士の笑顔を見て思わずにっこりしました。

└───────────────────────────────┘

　入所時の対応として，なぜ自分は施設で生活することになったか，子どもにわかる言葉で丁寧に説明することが大切です。この事例のように，施設で暮らす子どもの権利について，平易な言葉でわかりやすく説明したガイドブック「子どもの権利ノート」も活用されています。

　子どもが入所する日までに，担当の職員は食器や洗面用具，肌着など，施設に来たその日から必要になるものをあらかじめ準備します。衣類など，好みのものを選ばせる場合は，入所の当日，一緒に選ぶこともあります。これは，「あなたがここに来てくれたことを歓迎しているよ」という気持ちを子どもに伝えるためにも必要な作業なのです。

3 │ リービングケア：自立支援の実際②

　児童養護施設は，法律上は満18歳までの児童を対象とする施設です（2023年4月からは，必要がある場合，年齢と無関係に利用できるようになりました）。子どもたちは高校を卒業すると，就職，あるいは進学先を決定し，施設を巣立っていくことになります。そこで，新しい場所で適応できるよう，入所中からそのための力を蓄えておくことが必要です。まずは，子ども自身の自己決定に基づ

いた進路の決定を支援すること，それから，社会生活が円滑に送れるよう，基本的な生活の知識や技術を習得することを目標として支援を行っていきます。

―― 自立に向けての準備 ――――――――――――――――――

　らんさんは高校3年生です。施設の小さい子どもの面倒を見るのが得意な，やさしい性格のらんさんは，高校卒業後は高齢者の施設で働くことが決まりました。施設の敷地の一角には，高齢児の自立訓練のために用意された部屋があります。ここは，居室の掃除や洗濯はもちろん，自分で食事の献立を考え，買い物をし，調理するのもすべて一通り自分の力でするための部屋です。施設退所を半年後に控えたらんさんは，この部屋で一人暮らし体験をすることになりました。

　施設，特に大舎制施設での生活では，社会的自立のできる生活能力を身に付けることが難しい状況があります。そこで，施設内の限られた資源ではありますが，この事例のように自立訓練のプログラムを導入している施設もあります。朝起きてから夜眠るまで，すべてを自分の責任において自分のリズムで生活する機会を提供することは，子どもの生活力を高めることはもちろんですが，退所後の生活に対する不安を軽減することも期待できます。

4 │ アフターケア：自立支援の実際③

　子どもたちが施設を退所した後のアフターケアも，施設における自立支援の重要な部分です。

―― 退所後の子どもたちの課題 ――――――――――――――――

　いつきくんは16歳，両親は行方不明です。高校に入学したものの，授業に次第についていけなくなり，学校をやめたいと口にするようになりました。高橋指導員は，いつきくんと何度も話し合いの時間をとりましたが，いつきくんの気持ちは動かされることなく，高校は中退してしまいました。その後，いつきくんは寮完備の建築会社に就職が決まり，施設を退所していきました。

　就職当初は順調に過ぎました。しかしある日，いつきくんの会社の上司から，「10日間無断欠勤している。寮の部屋にいるようだが，呼んでも出てこない」という連絡が施設に入りました。驚いた高橋指導員はいつきくんに会いに行きました。いつきくんは「寝坊して1日さぼってしまった。そしたらどうやって謝ったらいいかわからなくて，誰にも相談しないまますずるずると休んでしまった」と言います。会社はいつきくんのそれまでのがんばりを評価し，仕事に戻るように誘ってくれました。しかし結局，いつきくんは仕事を辞めてしまいました。

　こども家庭庁によると，2022（令和4）年3月に高校を卒業した人の中で就職したのは15.6％です。これが，児童養護施設の子どもたちになると53.8％という数値になります。多くの子どもたちが大学等に進学する中で，社会的養護の子どもたちの大学進学と就学継続のための支援も大きな課題です。高校を卒業して就職した子どもたちにも，その後の支援が必要な場合が少なくありません。

　いつきくんのように，施設を退所した後，職場に定着できず，職を転々と変えてしまうことは珍しくありません。そのため，施設を退所した子どもたちに対して必要に応じて支援を行うアフターケアについては，2005（平成17）年の児童福祉法改正において児童養護施設の役割として法的に明確に位置づけられました。2017（平成29）年より開始された「社会的養護自立支援事業」は2022（令和4）年の法改正により22歳以降も支援の対象となるなど，アフターケアの対象はニーズに応じて拡大してきました。

　厚生労働省による「社会的養護の課題と将来像」（2011年）では，社会的養護の理念として「子どもの最善の利益のために」と「社会全体で子どもを育む」という考え方を示しています。また，社会的養護の基本的方向として①家庭的養護の推進，②専門的ケアの充実，③自立支援の充実，④家族支援，地域

▶2　こども家庭庁「社会的養育の推進に向けて」2023年4月。

▶3　厚生労働省 HP（http://www.mhlw.go.jp/stf/shingi/2r9852000001j8sw.html）。

支援の充実の4点を挙げています。

　この中で，③の自立支援の充実については，「社会的養護の下で育った子ど
もも，他の子どもたちとともに，社会への公平なスタートを切り，自立した社
会人として生活できるようにすることが重要である」としています。里親や施
設等の社会的養護の担い手に対しては，「自己肯定感を育み自分らしく生きる
力，他者を尊重し共生していく力，生活スキル，社会的スキルの獲得など，ひ
とりの人間として生きていく基本的な力を育む養育を行う必要がある」とし，
施設退所後のアフターケアの充実の必要性についても触れられています。

　虐待を受けて児童養護施設に入所した経験のある結生（ゆうき）さんは，当時を振り返
ってこう語ります。

　　「出会って何年も経ってから，その人の存在の大きさに気づくことがあ
　る。わたしには心境の変化があった時，ふと連絡を取りたくなる大事な人
　がいる。出会ってから数えればもう10年になるけれど，本当の意味で「大
　事な人」である実感を持つようになったのは，実は割と最近のことだ…
　（中略）…その人は，入所していた児童養護施設の施設長，「ひのっち」こ
　と桧原俊也さん。」[4]

　出会ったころはまだ職員の一人で，結生さんの担当でもなく，時々顔を合わ
せる程度の人だった「ひのっち」と結生さんとのつながりは，彼女がその後，
少年院に入った後も，専門学校に進学した後も続きました。

　そのような「ひのっち」のことを結生さんは「こけても，失敗しても，受け
止めてくれるのが心強い。また次こけても何度失敗しても，ちゃんと受け止め
てくれる人がいるから挑戦しても大丈夫だと思える」存在だと言います。施設
養護を担う職員は，子どもたちの親に代わることができる存在ではありません。
しかし，うれしい時，悲しい時，子どものかたわらに寄り添って，その思いを
一緒に感じてくれる人となることはできます。また，児童養護施設はそのよう
な人が見つかる場所としての役割をも担っているのです。

▷4　結生・小坂綾子『あっち側の彼女，こっち側の私——性的虐待，非行，薬物，そして少年院を
　へて』朝日新聞出版，2020年，pp.181-185.

本章のまとめ

　職員や他の子どもとの情緒的な交流は，子どもの成長や発達に大きく影響します。そうした日々の営みが子どもの人格形成の基盤となります。子どもたちが，安心して育つことができる環境の保障と，次代の「生む家族」を築いていく力を習得できるよう支援することが施設職員には求められます。

第 10 章

施設養護の実際：治療的援助

● ● ●

ポイント

1 施設養護において治療的援助が必要とされる背景
2 治療的援助を行う専門職とその役割
3 治療的援助を効果的に行うために求められる課題

1 施設養護における治療的援助の必要性

1 治療的援助が必要とされる背景

　子ども虐待の相談件数は増加の一途をたどっています。そのような社会情勢を受けて、新聞やテレビなど、メディアが子ども虐待を取り上げる機会も増えてきました。また、虐待を受けていた子どもが保護されたというニュースを聞くと、幼い命が奪われなかったことにホッとします。しかし、虐待者との分離は虐待問題の解決ではなく、子どもたちへの支援の始まりに過ぎないのです。施設ケアを必要とする子どもたちの背景を見てみると、入所児童全体に占める虐待を理由に入所する子どもの割合は増加傾向にあります。また、入所の理由にかかわらず、家族から離れて施設で生活するということ自体が、子どもにとっては喪失体験であるととらえるならば、施設で暮らす子どもたちは、どの子も治療的援助を必要としていると考えてもよいでしょう。子どもたちが抱えている心の傷を癒やす作業も、施設養護に求められる役割の一つです。それは、生活場面での支援だけでは実現しません。日頃の治療的なかかわりに加えて、専門的な知識に基づいたかかわりが必要になります。

2 | 治療的援助を必要とする子どもの行動特性

虐待を受けた子どもの行動特性

　中学2年生のみずきさんは，お母さんに身体的虐待を受けて家出を繰り返し，一時保護所を経て施設にやってきました。友達に対して，「そんな服着ても全然かわいくない」などと，相手の気持ちを考えていないかのようなことを平気で言うので，トラブルが絶えません。担当の田中指導員は職員室にみずきさんを呼んで話をしようとしましたが，みずきさんは「話って何？　どうせ私を叱るんだったらさっさと叱れば？」と言い切りました。学校でも，気に入らないことがあると教室を飛び出す，友達の嫌がることを平気で言うなどといった行為が見られ，学校の先生も対応に頭を悩ませています。対応に悩む田中指導員ですが，他の職員と話していても「みずきさんは巧みに大人の怒りを引き出すような言動をとるよね」と話題になることがあります。

　治療的援助を必要とする子ども，特に虐待を受けた子どもの思考や行動には，感情コントロールの不全（些細なことでかんしゃくを起こしたり，感情のコントロールを失ってパニック状態になるなど），挑発的・残虐な行動（聞く側の気持ちを逆なでするような言動をとる，動物をいじめるなど），自己評価の低下（「自分は誰からも愛されていない」「自分は生きている価値がない」などといった極度に低い自己評価を示す），対人関係の不安定さ（抱っこを求めたり，べたべたするなど強い愛着を示したかと思うと，急変して無関心な態度を示すなど）といった特徴があります。これらの行動は，虐待を受ける環境に適応しようとした結果，身に付けた行動であったり，適切な対人関係を結ぶことができなかったことから起きている行動です。時には，挑発的に大人に叱られることを求めるような行動をとることもあります。これはリミットテスティングと呼ばれる行動傾向で，「どこまでやったらこの大人は自分のことを怒るだろうか」「この人は本当に自分

▷1　玉井邦夫『学校現場で役立つ子ども虐待対応の手引き』明石書店，2007年，pp.96-101.

に暴力を振るったりしないだろうか」という思いからくるものであるとされています。

　施設での治療的援助とは，子どものこうした問題行動や，虐待を受けたことによる PTSD（心的外傷後ストレス障害）などの危機的状況を改善するため，子どもが安心を感じられる環境の中で，子どもへの適切なかかわりや養育環境を通じて，子ども一人ひとりの成長・発達段階に応じ，適切な自己表現能力や行動方法，他者との関係の作り方を再構築させること，といえます。本章では，そうした援助がどのような専門職によって，どのように実施されているのかを紹介していきます。

3 施設養護における治療的援助体制の整備

　1990年代に入り，被虐待児童の入所の急増を受け，児童養護施設では子どもたちが虐待を受けたことで表出する問題行動への対応に追われる状況が生じました。そこで，子どもたちの心理的ケアの充実を図るため，児童養護施設への高い専門性をもった職員の配置が進められてきました。1999年より，被虐待児10名以上が入所している児童養護施設に対して，非常勤での心理療法担当職員１名の配置が可能となりました。その業務内容は，①心理療法，②生活場面面接，③施設職員等への助言および指導，④ケース会議への出席，⑤その他，の５点とされています。その後，2006年度には心理療法担当職員の常勤化に向けた予算措置がされ，2012年には対象児童10名以上が入所している児童養護施設，保護者や児童10名以上が心理治療を必要としている乳児院や母子生活支援施設に配置するよう定められました。また，2001年より，個別対応職員が配置されました。個別対応職員は，個別面接や生活場面での個別援助，保護者への援助を行っています。2012年からは児童養護施設，乳児院，児童心理治療施設，児童自立支援施設，母子生活支援施設への配置が定められました。

4 │ 治療的援助を支えるさまざまな専門職

　施設養護における治療的援助は心理の専門家による専門的な援助のみを指すのではなく，さまざまな専門職によって支えられています。それは次のように分類することができます。①直接処遇職員が施設での生活の中で行う治療的かかわり，②施設内のプレイルームや相談室などで心理療法担当職員が専門的な知識をもって行う遊戯療法（プレイセラピー）などの心理療法，③施設外の児童相談所・医療機関・民間機関・大学などの研究機関における医療や心理療法など，各種の専門性と児童福祉施設の機能を活かした治療的かかわりなどです。①②については，施設の中で行われる支援ですが，③については施設の外で行われることになります。それぞれの実際については次節で述べていきますが，職員には，子どものニーズに合わせて，これらの資源を活用するためのマネジメント力が求められます。

②　施設養護における治療的援助の実際

1 │ 直接処遇職員による治療的援助の実際

　児童養護施設に入所してくる子どもたちへの心のケアというと，心理療法担当職員による専門的援助に限定してしまいがちですが，実際は保育士や児童指導員といった直接処遇職員にも治療的かかわりの実践が求められます。

┌─ 子どもの思いに寄り添う ─
│　6歳のたくみくんは，両親の離婚後，お母さんと暮らしていました。仕事と育児の両立がつらいと，お母さんは児童相談所に相談，たくみくんは施設にやってきました。大好きだったお父さんと離れ，さらにお母さんからも離れて暮らすことになったたくみくんは，「どうせ，ぼくは一人ぼっち」というのが口ぐせでした。友達とけんかして注意を受けると，「どうせ，たくみなんてどうでもいいん

だろう」「どうせ，先生も，お母さんみたいにぼくを放り出すんだろ」と，投げやりになることもしばしばでした。担当の保育士は，そんな時たくみくんに，「そういうふうに感じているんだね」「いろんなことがあったんだね」と，たくみくんの気持ちに寄り添うような姿勢でたくみくんの話を聞くようにしました。また，就寝前の添い寝の短い時間や，一緒に食事をとっている時，買い物に出かけた時などに，たくみくんからさまざまな思いを聞くよう心がけました。

担当保育士のたくみくんへのかかわりは，ささいなことのように感じられるかもしれません。また，繰り返し思いを聞くという作業は，非常に時間のかかることだと感じられるかもしれません。しかし，毎日の小さな積み重ねこそが，子どもが現実を受け止め，自分の存在が受け入れられていると感じることにつながっていきます。

2 心理療法担当職員による心理療法の実際

施設養護における心理療法担当職員による心理療法には，さまざまな技法が用いられていますが，多くの施設では遊戯療法（プレイセラピー）という手法が取り入れられています。虐待などによる子どもの傷つき体験について，そのトラウマを自分の中で受け止めていけるよう援助することで，トラウマが軽減していくという考え方に基づいて行われています。

子どもにとって，日常の中でトラウマティックな体験に向き合うことは非常に困難で，かつ心理的にも好ましくない影響を子どもに与えてしまう場合があります。遊戯療法では，心理療法担当職員の前で子どもの表現する行動には，子どもの過去の体験が表されているととらえています。それは「遊び」という方法を用いて表現しているため，子どもは自分自身の抱えている深刻で重大な心の傷に直接向き合うのではなく，保護された，安心な状態で，少しずつ触れていくことができるというメリットがあります。写真10-1は，遊戯療法に用いるプレイルームの一例です。

写真 10 - 1　ある児童養護施設のプレイルームの様子

出所：筆者撮影。

写真 10 - 2　箱庭療法に使用する人形たち（手前の箱庭の中に人形を並べる）

出所：筆者撮影。

　施設における心理療法は，遊戯療法のほかに，たとえば写真 10 - 2 にあるような人形を箱庭の中に並べて物語を作る箱庭療法や，言語的なカウンセリングなど，子どもの年齢や関心に合わせた手法で行われます。

――― 心理療法担当職員によるプレイセラピー ―――

　5 歳のこころちゃんは，お父さんからの身体的虐待が理由で施設に入所しました。施設での生活は，「お友達がいっぱいいて，みんなで一緒にごはんを食べられて，楽しい」というこころちゃん。お酒に酔ったお父さんにいつたたかれるかわからず，おびえて暮らしていた家庭での毎日を思うと，たしかに施設は安心できる場所だと感じているようです。しかし，消灯時間を過ぎると，真っ暗になった部屋を「怖い！」と言って泣き出すことも珍しくありませんでした。また，施設での生活に慣れるにつれ，友達との間のトラブルが増え，カッとなると友達をたたいたり，蹴ったりする姿が見られるようになりました。

　こころちゃんの担当の保育士は，最近のこころちゃんの不安定な様子が心配で，施設内でケース会議をもつことになりました。その結果，虐待で受けた心のケアのためには心理療法担当職員によるかかわりが必要ではないかという結論に至り，心理療法担当職員の渡辺さんに，週に一度の心理療法を担当してもらうことが決まりました。

　この施設では，心理療法に使う部屋を「渡辺先生の部屋」と呼んでいます。こ
ころちゃんは担当保育士から「渡辺先生の部屋」へ通うことを提案されると，
「うん！　いいよ！　前から行ってみたかったもん」とすんなり了承しました。
　こころちゃんは渡辺さんとのかかわりの中で，小さな女の子の人形を可愛がる
姿が見られましたが，突然人形を持ち上げて頭からまっさかさまに落とすという
行為が何度も見られました。にこにこと遊んでいたかと思うと，表情を変えるこ
となく，なんとなく放り出すという感じでした。渡辺さんは担当保育士とのコン
サルテーションでこころちゃんのその行為が，こころちゃん自身が受けてきた虐
待のスタイルではないかと報告しました。こころちゃんの人形への攻撃的な遊び
は，その後もしばらく続きました。

　心理的なケアによって精神的な安定を取り戻すのは，容易なことではありませ
ん。しかし，森田喜治は，心理的なケアを提供することは，子どもにとって
日常の施設での生活に比べ，より親密な関係を体験することができ，さらに治
療的，受容的なかかわりによって心の世界を解放することができる方法である，
としています。

　一方で，施設での心理療法担当職員による治療的かかわりの今後の課題とし
て，大内雅子は次のような点を挙げています。1点目に，子どもの明確な主訴
が見えにくく，子ども自身の心理療法に対する課題意識が乏しくなる点です。
治療的かかわりを行う上で，子どもに対して十分な説明が行われないまま，心
理療法担当職員との関係を始めてしまう場合が少なくないことも要因として挙
げられます。こうした場合には子どもへの治療的かかわりを継続する中での意
識づけや，生活場面とは異なる安心感を得られる場づくりといった工夫が求め

2　専門的な助言を必要としている人に対して，その分野の専門性を有する機関や個人から知識の
　提供を行うことをいう。ここでは，社会福祉の専門性をもった直接処遇職員が，心理の専門家で
　ある心理療法担当職員から助言を受けることを指す。
3　森田喜治『児童養護施設と被虐待児』創元社，2008年，p.76.
4　大内雅子「児童養護施設で心理職はどんな役割を果たせるのか」『そだちと臨床』編集委員会
　（編）『そだちと臨床』4，2008年，p.9.

られるでしょう。2点目に，守秘義務が守られにくい点です。入所児童の中で心理療法担当職員による治療的かかわりを受けることができる子どもの数には限りがあります。彼らにとっては，治療場面での出来事は特別なものです。「今日は心理の先生の部屋で～やったよ」「私だってこの前～したもん」といったように，しばしば治療場面での出来事を他の子どもたちに話してしまいます。こうしたことを防ぐためには，職員側での情報共有や面接の設定の仕方などについて配慮する必要があります。3点目は，終結が明確でないという点です。子どもたちが抱える課題は，施設生活の中だけで解決していくことは困難で，また終結後も心理療法担当職員と日常的にかかわりがあるため，治療関係の終結は不明確になりがちです。施設養護における治療的かかわりにおいては治療関係の終結という明確な構造の変化よりも，関係の変化（治療関係からそうではないかかわりへ）というとらえ方が望まれます。

3 │ 個別対応職員による治療的かかわりの実際

┌─ 生活場面での個別的なかかわり ──────────────

　小学2年生のほのかちゃんは，お母さんからの身体的虐待が理由で施設に入所することになりました。入所後，施設の職員たちはほのかちゃんの支援計画を策定する中で，これまでお母さんとの間でもつ機会がなかった「特定の大人との親密な信頼関係」が必要であるとの判断から，個別対応職員の山本保育士がほのかちゃんと毎日1時間程度のかかわりをもつという方針が決まりました。初回の面談では，山本保育士と2人きりといういつもと違う状況に，ほのかちゃんはちょっと緊張した表情でした。でも，山本保育士とパズルをしたり，折り紙をしたりと2人で過ごす時間に慣れてくると，毎日の面談の時間を楽しみにするようになりました。やがて面談の場は〝お母さんはわたしのことをたたいたりしたけど，お母さんが大好き。たたかれるのは嫌だけど，いつか優しいお母さんになって，ほのかと暮らしてほしい〟と，お母さんへの複雑な思いを話すことができる貴重な時間になっていきました。

└──────────────────────────────

　施設養護の日常においては，職員は個々の子どもとの１対１の親密な関係を結ぼうと努めています。しかし，限られた職員配置の中では，どうしても１対複数のかかわりとなってしまいがちです。個別対応職員による治療的なかかわりを通して，１対１の関係づくりが期待できます。

4 ｜ 施設外の資源を活用した治療的かかわりの実際

┌─ 児童相談所との連携 ────────────────────────

　まいちゃんは小学４年生。家族とのかかわりは，両親が行方不明で，おばあちゃんも高齢なので年に数回面会がある程度です。夏休みに入って，施設の近所のコンビニエンスストアやスーパーマーケットでお菓子を万引きしたり，自分より小さい子どもたちに職員には見えないところでいじわるをしたりといった行動が目立ちはじめました。先生が注意すると「みんな私のことなんかどうでもいいんだ」「どうせ私は死んだ方がいいんだ」と泣き叫び，頭を壁にぶつけたり，自分で首をしめたりとパニックに陥ることもありました。担当保育士は，児童相談所のまいちゃん担当の児童福祉司に現在の施設でのまいちゃんの様子を伝えました。児童相談所との協議の結果，まいちゃんと担当保育士は２週間に１回児童相談所に通うことになりました。

└───────────────────────────────────────

　児童相談所では，まいちゃんは担当児童心理司と50分間一緒に遊びます。まいちゃんは当初，「まいに病気を振りまく悪い奴らをやっつける」ことをテーマに，毎週の時間を過ごしました。児童相談所までの行き帰りは，担当保育士と２人きりで，ずっと手をつないで歩きます。施設で生活する子どもたちにとって，こうした担当の職員と個別にゆっくりかかわれる時間はとても貴重なものです。保育士も，２人で過ごしている時のまいちゃんのやわらかい表情を見て「個別にかかわると，こんな表情をするのだな」と感じていました。児童相談所など，施設外での治療的援助は，50分や１時間といった枠組みの中で実施されるセラピー自体ももちろん効果的なのですが，こうして施設での担当職員を一人占めできる時間を作る意味でも，治療的援助としての効果が期待できま

す。

　そのうち，まいちゃんはいじわるをしなくなりました。自分を受け入れてくれる人ができた，という感覚が身に付いてくると，遊びの中でも悪いものをやっつける必要がなくなったと感じたのか，まいちゃんはバドミントンやゲームで遊ぶようになりました。やがて，学校でも友達ができはじめ，担当保育士と担当児童心理司に，「まいね，お友達と遊びたいから児童相談所にはもう行かない」と自分から告げました。児童心理司とまいちゃんは，児童相談所への来所の終結の日を一緒に決めました。そして最後の日，時間いっぱい遊び，笑顔でお別れのあいさつをしました。

　身体にできた傷は，癒えたかどうかが目で見てわかりやすいのですが，心の傷は外からは見えにくく，また治療しても治ったかどうかはっきりとわかりにくいものです。治療的援助は一人の職員の判断で導入すればよいものではなく，児童自立支援計画を策定する際に，子どものニーズをしっかりとアセスメントし，子どもに必要な支援として職員間で共通認識をもった上で導入すべきです。また，施設内での直接処遇職員による支援，心理療法担当職員による支援，外部機関の専門職による支援を活用し，有機的な連携で子どもの心を支えていくことが望ましいでしょう。

　┏━**本章のまとめ**━
　　被虐待児童の入所の増加を受けて，施設における治療的援助の整備が進められてきました。直接処遇職員，心理療法担当職員，個別対応職員，外部の機関など，さまざまな立場での治療的かかわりの方法があります。治療的援助を効果的に行うには，児童自立支援計画の一環として明確に位置づけて目標を策定し，実施することが求められます。

第 11 章

施設養護の実際：親子・地域との関係調整

❋ ❋ ❋

ポイント

1 施設で暮らす子どもたちと家族との関係
2 施設養護における地域支援の意義
3 親子・地域との関係調整の実際

① 施設養護における親子関係調整の必要性

1 │ 施設入所児童のニーズの変化

　終戦後のわが国では，戦災によって家族や住みかを失った子どもたちの福祉が喫緊の課題でした。児童養護施設はそういった子どもたちの保護と生活の場の保障を目的として，養護施設という名称で児童福祉法の中に明確に位置づけられました。しかし，社会の変遷とともに要保護児童のニーズは変化しています。

　2018（平成30）年 2 月 1 日現在の「児童養護施設入所児童等調査結果」では，養護問題発生理由の主なものは，「父または母の虐待・酷使」22.5%，「父または母の放任・怠惰」17.0%，となっています。また，入所児童のうち「虐待経験あり」の子どもたちは65.6%，そのうち最も多いのはネグレクトで，63.0%を占めています。保護者による不適切なかかわりを経験している子どもたちが施設入所児童に占める割合の多さが読み取れます。一方，児童養護施設入所時に「両親または一人親あり」の子どもたちの割合は93.3%を占め，71.6%の子

▶1　厚生労働省雇用均等・児童家庭局「児童養護施設入所児童等調査結果」2020年。

どもたちは帰省や面会，電話や手紙でのやりとりなど，保護者と何らかのかかわりを保ちつつ施設で生活しています。こうした状況から，児童養護施設の機能は，保護者による養育が困難な子どもを家庭の代替として養育することにとどまらず，家族再統合後の家庭が「子どもの育つ場所，最善の利益を保障する場所」としての機能を再構築できるよう，親子関係を調整するファミリーソーシャルワーク機能を果たすことが期待されるようになりました。

2 ┃ 家族支援を担う専門職

　児童養護施設では，1995年より養護施設入所児童早期家庭復帰促進事業が開始されました。これは，保護者による虐待等で施設入所した児童で，家庭環境などの調整を行うことにより家庭復帰が可能と思われるケースについて，施設入所後の早い時期から調整・援助を実施することで家庭復帰を促進し，子どもの福祉の向上を図るものです。

　同年，21世紀に向けた児童福祉施設のあり方について全国養護施設協議会より「養護施設の近未来像報告書」が出されました。この中では，①児童の権利に関する条約を基盤とし，子どもの最善の利益が最優先される，児童中心主義の実践，②利用者側に立ったサービス提供，③地域資源としての施設という3点が基本視座に据えられました。2003年，全国児童養護施設協議会による『子どもを未来とするために──児童養護施設の近未来像Ⅱ』では，これからの児童養護施設に求められる児童養護（社会的養護）の理念として，①最善の利益に配慮した人権・発達の保障，②子どもと大人との信頼関係の構築，③保護者と施設との養育の協働，④家族の再建の4点が挙げられています。特に③④の項目からは，入所児童に占める保護者のいる児童の割合の増加を踏まえ，これまで家庭養育に取って替わるもの，いわゆる「代替施設」として機能してきた児童養護施設が，養育への保護者の主体的な参加を促し，保護者と養育の協働を図り，家庭復帰へ向けた計画的なかかわりを求められる時代になったことが

▶2　厚生省「児家第29号『養護施設入所児童早期家庭復帰促進事業』の実施について（平成7年7月25日）」1995年。

うかがえます。

　「社会的養護のあり方に関する専門委員会報告書」（厚生労働省，2003年）では，施設養護の果たすべき機能について，ケア単位の小規模化，ケア担当職員の量的，質的な確保，在宅支援機能強化などを挙げています。中でも施設が家族への支援や親権者との関係調整を行うことの必要性を強調し，家族調整を専門に行うファミリーソーシャルワーカーの必要性を指摘しています。

　こうした子どもたちの家庭復帰を目指して，2004年度より，児童養護施設などの児童福祉施設（乳児院については1999年から）に，子どもの施設入所前から退所に至るまでの総合的な家庭調整を担う職種として家庭支援専門相談員（ファミリーソーシャルワーカー）が配置されています。子どもたちへの日常生活での援助に加えて，保護者の養育スキルを高めるための支援を行うことが期待される職種です。

② 家族支援の視点

1 家族再統合とは

　児童の権利に関する条約第9条第1項では，親子不分離の原則を規定し，同条約第18条は，子どもを養育する第一義的責任が父母にあり，国は，父母がその責任を遂行できるように適切に援助しなければならないとしています。児童福祉法においては，第2条で子どもを養育する第一義的責任は保護者にあるとしています。そして国や地方公共団体には，保護者とともに，子どもを心身ともに健やかに育成する責任があるとしています。児童福祉施設の設備及び運営に関する基準第45条第4項では，児童養護施設における家庭環境の調整は，子どもの家庭状況に応じて，親子関係の再構築等が図られるように行わなければならないと規定しています。施設養護においては，いったん家族分離を経験した児童養護施設の子どもたちと家族の関係を再構築する，家族再統合支援について考える必要があります。

一般的に家族再統合というと，別々に生活していた家族が再び共に生活することを指すととらえられますが，児童養護施設で暮らす子どもたちの家族再統合を考える時，保護者とともに暮らすというあり方を常に理想とするのではなく，保護者と子どもがよりよい関係でつながることを家族支援の意義としてとらえる必要があります。また，家庭復帰が実現しなくても，家族機能が再生され，家族の心理的つながりが再構築されることは，子どもが自立していくための精神的支えとして重要です。

　このように家族再統合とは，施設で暮らす子どもの家庭復帰のみを意味する言葉ではなく，統合のあり方は，親の状況に応じて柔軟に考えていく必要があり，その過程で親や子どもの意向を尊重しながら，各家族に適応した統合のあり方を一緒に考えていく姿勢が重要です。完全な家庭復帰のみならず，電話などを通して，面会や外泊，週末や長期の休みに定期的に外泊することでの家族との交流，子どもたちが家族の一員としてのアイデンティティを確認できる機会を保障することも，広い意味での家族再統合なのです。

2 ｜ 家族を援助の対象者としてとらえる視点

　施設養護の対象は，入所している子どもに焦点を合わせて考えられがちですが，家族関係調整を行う際は，家族全体を援助の対象としてとらえる視点が必要となります。親として子育てをするにあたっては，誰しも自分自身がどのように育てられてきたかということの影響を何らかの形で受けています。親自身が子ども時代にありのままの自分を受け入れてもらった経験や，一人の人格をもった存在として認めてもらった経験をしていない場合，わが子に対しての適切なかかわり方がわからないこともあるかもしれません。問題は保護者自身ではなく，その子どもに対する不適切なかかわりにあるという認識をもつことが必要です。また，子どもを生んで初めて，自分がどのように育てられ，どのように影響を受けているのかに気づくのだという認識も必要でしょう。保護者を批判の対象としてではなく，援助の対象としてとらえることが，施設と家族の協働体制づくりの第一歩になります。そのためには，保護者の子どもに対する

思いや，保護者自身の育ちの背景を丁寧に聞きながら，職員と保護者との間に信頼関係を構築していくことが必要です。施設で暮らす子どもたちの保護者は，子育てに対する自信を失っていたり，生活上の困難を合わせて抱えている場合も少なくありません。保護者の自尊感情の回復や生活意欲の向上も，施設の家族支援における重要な目的です。この時，施設の職員が家族に対して指導的立場でかかわるのではなく，家族の現状をどうとらえ，どういった支援が必要かといったことを，保護者自身が主体的に考え，施設はその考えを尊重しながら進めていくという協働の姿勢が重要です。施設と保護者との協働は，保護者のエンパワメントにつながり，さらには子どもの養育環境改善に対する保護者の意欲を高めるために大切な視点であるといえます。

③ 家族支援の実際

1 │ 親子の関係調整の実際

┌─ 果たされなかった約束 ─

　ひなのちゃんは，乳児院からの措置変更で施設にやってきた 6 歳の女の子です。お母さんは高校生だった17歳の頃，ひなのちゃんを生みました。父親はわかりません。乳児院にいた頃は，お母さんはおばあちゃんに付き添われてたびたびひなのちゃんのもとを訪ねていましたが，児童養護施設に来てからはそれもなく，担当の林保育士が行事の度に電話を入れても留守番電話に切り替わってしまいます。

　夏休みが終わる頃，突然お母さんが施設にやってきました。隣にはひなのちゃんの知らない若いお兄さんがいました。お母さんは「ひなののお父さんになってもいいと言ってくれるから，この人と結婚して，小学生になったらひなのを引き取りたい」と言うのです。ひなのちゃんはお母さんが現れたこと，「学校にはお母さんのおうちから行こう」と言ってくれたことをとても喜びました。面会，外出を経て少しずつお母さんとひなのちゃんの関係を深めていこうと支援していました。男性もひなのちゃんのことを大事にしてくれ，引き取りに向けての関係調

整は順調に見えました。

　年末年始を家で過ごしたひなのちゃんですが，外泊期間を終えて施設に戻ってきた時，お母さんは「家では全然言うことをきいてくれない。わがままばかり言う。こんな状態じゃ，ひなのと一緒にやっていけません」と林保育士に話しました。いったんは順調に進んだ親子関係の再構築ですが，結局，ひなのちゃんは施設から小学校に通うことになりました。

　子どもたちが児童養護施設に入所する背景には，家庭で養育されることが困難な何らかの事情や理由が存在します。入所が決まった段階から，親子関係調整のための計画を策定し，家族再統合を目指すことが施設の重要な役割となってきています。

　入所中に親子関係や家庭を再構築する親支援プログラムを進めていくにあたっては，児童相談所などの関係機関との連携が必要不可欠です。十分な調整なしに子どもと家族の交流を再開させても，子どもの心を不安定な状態に戻してしまったり，以前よりも悪化させたりしてしまう可能性もあります。その結果，家族再統合にかえって時間がかかってしまうことも起こりうるのです。

2 電話・手紙・SNS などを活用した子育ての情報交換や子どもとの関係づくり

　職員が，手紙や電話を使って子どもの学校や幼稚園での様子，生活の様子などを定期的に保護者に伝え，離れて生活していても，子どもの成長を感じることができるように配慮します。時には子どもの写真や工作の作品，通知表のコピーなどを一緒に送ることもあります。子どもと保護者の間でも，手紙，はがき，メールや SNS でのやり取りを行うことがあります。子どもにとっても，離れていても保護者とのつながりを感じることができます。

　また，入学式，卒業式や参観日などの学校行事や，施設のバザー，クリスマス会などを通して子どもの成長に触れることは，保護者が子どもの成長を感じ，また子どもの良い面を見出す機会になります。子どもにとっても，自分の成長

を保護者が見守ってくれていることは，施設での生活の励みにつながります。また，職員にとっても，保護者と子どもとのかかわりを自然な形で観察し，フォローすることのできる機会になります。

　一方で，こうした行事への保護者の参加においては，家族との交流のない子どもたちへの配慮も忘れてはいけない点です。

3 │ 面会や帰省を活用した家族支援の実際

┌─ 子どもがかわいいと思えない ──────────────────

　　あんなちゃんとかんなちゃんは，姉妹で施設に入所しています。2人のお母さんは，「あんなはいうこともよく聞いてくれていい子ですが，かんなはすぐに泣くし，手が掛かるし，かわいく思えないんです」と言います。外出の際も，かんなちゃんをおいて，あんなちゃんとだけ出かけることもありますし，2人と外出して施設に戻ってくると，佐々木保育士に向かってかんなちゃんの前で，「かんなは私の言うことをきいてくれないし全然かわいくない」と言ってしまいます。話を聞いている佐々木保育士は，「かんなちゃんにもこんなに良いところがあるんですよ」と言いたくなってしまいます。

└──────────────────────────────────────

　まず，面会や帰省前後の子どもへのケアについて考えましょう。子どもは面会や帰省のペースが定着するまで，久しぶりに保護者に会うことが決まると，不安と期待が入り混じった感情を抱くことが少なくありません。その複雑な思いは心身の不安定さとして表れることもあります。いらいらしたり，過度にいい子で頑張ろうとしたり，あるいは発熱や腹痛を訴えたりする場合もあります。そのような時，職員は子どもに対して面会や帰省に向けての準備を無理に促すのではなく，時間をかけて子どもの不安や期待に寄り添う姿勢が重要です。また，帰省や面会後のケアとしては，施設に帰ってきた際の表情など観察可能な事柄について配慮をすることはもちろん，どのようなことをして過ごしたのか，どのようなことを感じたのかなどを丁寧に聞く時間をもち，子どもの内面についてもフォローすることを忘れてはいけないのです。

また，面会や帰省前後の保護者へのケアも大切です。一時帰省にあたっては，子どもの日常の様子に関する情報を丁寧に保護者に伝える必要があります。子どもたちの保護者の中には，離れて生活していくうちに「どのようにわが子と接すればよいのかわからない」「子どもとどんな会話をすればよいのかわからない」という思いをもつようになる人も少なくありません。その背景には，保護者の養育スキルの乏しさや，保護者自身が自分の保護者から十分なかかわりを受けていないこともあるかもしれません。子どもが帰省している間，「こうしておけば泣かないから」と，ずっとテレビやスマホ，DVD などを見せて過ごさせたり，子どもには施設で不自由な思いをさせているからと，子どもに求められるままにおもちゃや洋服などを買い与えてしまう場合もあります。

　そのような時は，物やお金ではなく，子どもと向き合う時間こそが子どもとの関係形成に必要であることを，わかりやすく丁寧に伝えていきます。たとえば「公園で自転車の練習に付き合ってあげて下さい」とか「宿題が出ています。おうちでも本読みを聞いてあげて下さい。上手に読めるようになりましたよ」といった具体的な方法を示して送り出すことも，親子双方の負担を軽減することにつながるでしょう。

　また面会や帰省の後は，保護者の思いをじっくり聞く機会をもつことが必要です。その時，保護者の気持ち，保護者の立場を理解しようとする姿勢が重要なポイントとなります。保護者の言い分に「それは違うと思うんだけど」と口を挟みたくなることもあるかもしれませんが，まず「お母さんのお気持ちはわかります」「大変でしたね」と，子育てに対するねぎらいの気持ちを伝えることが必要です。保護者自身が，子育てに対する率直な気持ちを責められることなく受け入れられるという体験をして初めて，施設職員や他者からの意見を聴くことができるようになっていくのです。

　児童養護施設の職員は，子どもと生活を共にしていることを利点として活用し，保護者と信頼関係を築いていくことが支援の起点となります。保護者との関係構築には，保護者が抱えている困難や問題への共感的姿勢をもつことと，保護者と子どもとの関係を尊重する姿勢を保護者に示していくことが大切です。

時には，「この子を生むつもりはなかった」「子どもがかわいいとは思えないんです」というように，保護者が子どもに対して否定的な感情を抱えている場合があります。そのような場合には，保護者が親としての意識を育てていくことをサポートすることが求められます。「愛せない」気持ちの奥に何があるのか，保護者の思いに寄り添いつつ，丁寧に関係を作っていく姿勢が求められます。

　こうした関係づくりが，保護者の心に変化を起こし，保護者自身が家族の生活や子どもへのかかわりを見直し，親子での生活を実現するための努力に向かおうとする動機につながっていくのです。

④　地域支援の必要性

　社会的養護実践は，その子どもにかかわる関係機関のみで行うものではありません。地域の支援ネットワークとの連携による支援が必要です。少子化，核家族化の進行，地域の人間関係の希薄化などの社会状況の変化に伴い，親の子育て不安など，子どもの育つ環境における問題に対して社会が支援していく必要が生じてきました。

　保護者の養育上の困難が生じる背景には，保護者の個人的な要因だけではなく，社会的要因もあるとされています。保護者の個人的要因としては，保護者自身が子ども時代に適切な養育を受けていなかったり，子どもへの適切なかかわり方を身に付けていなかったりするために抱える養育スキルの乏しさなどがあります。中には精神障害や知的障害による養育のしんどさなどによるものもあります。

　社会的要因としては，社会の子育て支援体制の不備によって生じる育児不安や育児ストレスの問題などがあります。核家族化が進み，地域の人間関係も希薄な現代社会においては，わが子をもつまで子どもと接した経験がほとんどないという状況で親になる人も少なくありません。また，そのような状況では近隣から子育ての助言を受ける機会もほとんどありません。仕事のストレスや経済的な問題なども保護者の適切な養育を困難にする要因として挙げられます。

地域における子育て支援は，虐待の予防的なかかわりとしても非常に重要なのです。その結果，地域で生活する親への支援を展開する必要性が高まってきました。

　これまで保育所が中心的に担ってきたそういった機能は，いまやすべての児童福祉施設での実践が期待されています。児童福祉法第48条の2には，乳児院，母子生活支援施設，児童養護施設，児童心理治療施設および児童自立支援施設の長は，地域住民に対して子どもの養育相談及び助言を行う努力義務が課せられています。地域の子育て支援を担うことも児童福祉施設の重要な役割として認識され，児童養護施設においてもショートステイやトワイライトステイ[13]など[14]のサービスが展開されています。

⑤　地域支援の実際

1 │ 地域の子育て支援の拠点としての新しい位置づけ

　児童養護施設には，施設の役割が外から見て不透明で，地域の中で孤立しがちだった時代があります。施設は，地域への理解を求める一方で，自らも地域に開かれた存在になる必要があります。施設が積極的に地域とかかわりをもち，開かれた施設づくりをしていくことが求められます。たとえば，施設が主催する行事に地域住民が参加する機会を設けたり，地域が主催する行事に職員や子どもが参加することなどが考えられるでしょう。地域の人にボランティアとして施設に入ってもらうことも一つの方法です。

　施設がもっている子どもの養育や健全育成に関する知識，家庭支援に関する

▶3　子どもを養育している家庭の保護者が疾病等の社会的事由や私的事由によって家庭における子どもの養育が一時的に困難となった場合や，親子が配偶者等の暴力により緊急一時的に保護を必要とする場合などに，児童福祉施設などにおいて一時的に養育・保護するもの。

▶4　子どもを養育している父子家庭等が，仕事などの事由によって帰宅が恒常的に夜間にわたるため，子どもに対する生活指導や家事の面等で困難を生じている場合に，児童福祉施設などに通所させ，生活指導，夕食の提供などを行うもの。

さまざまな機関とのネットワーク，施設の設備，職員の専門性は，施設に入所している子どもとその家庭だけでなく，地域にいる子どもとその家庭に対しても有効活用できる社会資源なのです。具体的には，子育てに悩む保護者や子ども，社会福祉のさまざまなサービスが必要であるにもかかわらず，サービスにつながっていない家庭などを地域の中から発見し，相談に乗りながら説明を行うことなどが挙げられます。

── 地域の中で頼れる存在として ──────────────

　山口さんは，夫と３歳になる長男のゆうきくんの３人家族で，来月第２子を出産予定です。夫の仕事は出張が多く，予定日の前後にも出張が予定されています。夫妻の実家はどちらも遠方にあり，出産にあたってゆうきくんの世話をしてくれる人がいません。そこで施設のショートステイサービスを利用することになりました。山口さんは施設にゆうきくんをたった一人で預けることが不安でしたが，電話で対応した木村指導員が，施設での生活について詳しく説明しました。ゆうきくんは山口さんに連れられて施設にやってきました。

　１週間後，ゆうきくんを迎えにきたお父さんは，木村指導員から施設での様子を聞き，２人で山口さんと赤ちゃんのところへと手をつないで帰って行きました。

---

2 │ 虐待の予防的支援としての地域の子育て支援の実際

　地域の子育て支援としては，親子分離・施設入所に至るようなストレスのかかる親子関係になってしまう前に家族を支援して，子どもが家庭での生活を維持できるようにするという予防的機能も期待されています。

　施設養護における家庭支援の基本は，子どもの成長・発達を，保護者と施設が協働して担うという点にあるといえます。しかし，人は子どもが生まれたその日から親としてうまく子育てをしていけるものではなく，子どもを育てていく中で親として成長していくものなのです。「親に十分な養育能力がない」とか「不適切な養育をしている」などという時には，保護者が親として育っていくよう支援するのが，子育て支援にたずさわる上で重要な視点です。

保護者自身が抱えている問題や困難に対処できるように援助すること，あるいは必要であれば他機関と連携しつつ保護者の生活を支えていくことも求められます。

┌─ 家族の自立を支える ───────────────────────

池田さんは，小学校1年生のふみやくん，保育所の年長のはるきくんと3人で生活しています。夫と離婚した後，池田さん一人で子どもたちを育ててきました。池田さんはうつ病のため仕事を続けていくことがつらくなり，現在は退職して生活保護を受給しています。精神科に通院していますが，体調が悪い時は起き上がることもつらいようです。

民生委員の中島さんは，池田さんの子どもたちが何日も同じ衣服で出かけている姿を見たり，「お母さんがしんどい時は食べられない日もある」とふみやくんが言うのを聞いて，とても心配しています。子どもたちはお母さんを慕っており，中島さんもなんとか家族での生活を支えてあげたいと感じています。中島さんは，施設の山崎ファミリーソーシャルワーカーに，施設として協力してもらうことはできないかと相談しました。

山崎ファミリーソーシャルワーカーは，中島さんと一緒に池田さん宅を訪問しました。池田さんは，最初は「施設の人がうちの子どもたちを取り上げにきた」と，山崎ファミリーソーシャルワーカーに対して警戒しているようでしたが，「お母さんがしんどい時，子どもさんたちの養育のお手伝いをしたい。そのために子育てのことを話し合うために来ました」と話をし，納得してもらえるようにしました。

何度か家庭訪問をしていくうちに，池田さんの体調が悪い時はショートステイ制度を利用するようになりました。また，何度か利用しているうちに，保育士たちとも信頼関係が築かれていきました。山崎ファミリーソーシャルワーカーは，民生委員の中島さんや，池田さんの通う精神科のソーシャルワーカーと情報を共有しながら一家を見守るようにしました。

池田さんは，困った時に相談できる場所ができたと感じることで，少しずつ回復していき，パートタイムでの再就労を実現しました。

└──

本章のまとめ

　児童養護施設に求められる役割は，入所児童へのケアにとどまらず，社会情勢の変化とともに，家族への支援，地域への支援にも拡大してきました。

　児童養護施設でのケアの実践によって培われた養育のノウハウや，子どもや家族を支える制度に関する知識，地域社会とのつながりを活かした支援が望まれます。その際，指導的なかかわりではなく，エンパワメントの視点をもったかかわりが求められます。

参考文献

全国養護施設協議会『養護施設の近未来像報告書』全国社会福祉協議会，1995年。

全国児童養護施設協議会『子どもを未来とするために——児童養護施設の近未来像Ⅱ』全国社会福祉協議会，2003年。

第 12 章

社会的養護とソーシャルワーク

• • •

ポイント

1　ソーシャルワークの基本
2　児童自立支援計画を作成し実行する意義と方法
3　ファミリーソーシャルワーカーの業務と援助

1　　ソーシャルワーク

1 │ ソーシャルワークとはどういうものか

　ソーシャルワークとは，人々が抱えるさまざまな問題や不安を解決するために行われる支援方法の一つです。問題に直面する人への支援方法には，ソーシャルワークの他にもさまざまなものがあります。病気を治す医療があり，心の問題を扱う心理療法があります。教育にもこのような目的があります。それでは，これらの支援の中で，ソーシャルワークの固有性とは，いったい何だといえるでしょうか。

　それは，問題を抱えた人を，自分と同じ存在として認め，「支える」点だと言えるでしょう。そして，その支え方においても，助言をしたり，何か具体的なサービスを提供したりするだけではなく，その人に寄り添い，その人とその人を取り巻く環境との関係を回復させる（新たに「つなぐ」ことを含む）ことに重点をおくのです。また，そのために運動などを通じて社会に働きかけたりします。こういった，その人を取り巻く環境や社会との関係の取り方に，ソーシ

▶1　カウンセリングは，代表的な心理療法の一つである。

ャルワークの特徴があるのだといえるでしょう。

2 │ ソーシャルワークが大切にすること

ソーシャルワークには，常に見失ってはならないものがあります。「ソーシャルワークが，ソーシャルワークであるために不可欠なもの」を6つ挙げることにします。

（1）人権の尊重

人権とは何かという問いに，答えることは簡単ではありません。筆者が，今までに最も「腑に落ちる」と感じた影山秀人氏の説明を紹介します。「人権とは，人が人として扱われる権利である。人権を主張するとは，人として扱って欲しいということである。人権侵害とは，人を人として扱わないことである」。とても簡潔で，わかりやすく，納得できる説明でした。人権の尊重とは，「人を人として尊ぶ」ことに他なりません。

ソーシャルワークは，この「人を人として尊ぶ」ことを実践の基盤（価値）として位置づけているのです。

（2）社会正義

ソーシャルワークが大切にしているもう一つの価値が「社会正義」と言われるものです。この社会正義について，子どもの貧困の問題に詳しい岩田美香氏は，「日本語では違和感があるけれど，英語でソーシャル・ジャスティスと言うと素直に受け入れられる」と話されました。

筆者は，この社会正義の内容を，「信頼に足る社会をつくりたい。正直に生きている人が正当に評価される社会でなければならない。希望がもてる社会を

▷2　2008年に朝日新聞厚生文化事業団が，里親に委託されている子どもに向けて『子どものための権利ノート』を作成した。筆者は作成委員を務めたが，同委員であった影山氏が，このように話された。
▷3　子どもの虐待防止センター主催，学校職員のための虐待防止セミナーの講義，2009年7月31日。

目指す。弱く小さい者が大切にされる」という言い方に置き換えています。このように言い換えるとはるかに受け入れやすく，これは確かに大切にしなければならないことだとわかるのではないでしょうか。

　ソーシャルワークでは，問題を抱えることを，「その人の姿勢」だとか「その人の努力不足」だけが原因であるかのように矮小化することはありません。その背景にあるものに目を向けることを大切にしています。

（3）共　　感

「人のことを自分のことのように感じて受け入れる」ことは簡単なことではありません。むしろ，本気で相手の立場に立とうとすればするほど，それが難しいことであると気づかされます。また，これとは逆で，あまり，人の立場に立ちすぎると，支援者に求められる「冷静さ」や「客観性」を失ってしまうことにもなりそうです。

　そこで，共感とは，「他人事ではないと思うこと」と位置づけてみてはどうでしょうか。人は一人ひとり違いますが，それぞれ生活をもち，それぞれの人生を懸命に生きる，同じ人間だということにおいて違いはありません。このような視点をもつことなく，「理解できない」「自分は，あなた方とは違う」という前提では，上から目線の「指導」はできても，当事者と同じ目の高さからの「支援」はできないと思います。まずは，「指導的態度」を捨て，「他人事にしない」あたりを目標にしてはどうかと考えています。

（4）視点…ものの見方

　ソーシャルワークが，個人に働きかけるだけではなく，その人の環境や社会にも働きかけるのは，その人が抱える問題をさまざまな角度から見ることや，ある時はそれをミクロレンズで見るが，ある時はそれを広角レンズで見るといった問題のとらえ方の伝統が，ソーシャルワークにあるからです。

　たとえば，「子どもへの虐待」という問題を扱うにしても，保護者の不適切なかかわりを，ただ「イケナイ」と言うだけではなく，「イケナイ」は「イケ

ナイ」にしても，その保護者の生きてきた経過や家族の状況，社会的な環境や支援の有無などにも着目して考えていこうとするのです。

（5）科 学 性

科学性というと，数式や実験を思い浮かべる人がいるかもしれませんが，もう少し広い意味で，この言葉を使用しています。「心と熱意」だけで取り組むのではなく，先達の実践を通して明らかになったこと，あるいは調査や研究によって有効性が検証された考え方や方法に則って取り組むことだと理解して下さい。

どのような頻度で面接や訪問を行うか，一回の面接時間はどの程度の長さが好ましいか，どのような質問の仕方があり，それはどのような時に有効なのか，関係機関との連携のとり方にはどのようなパターンがあり，どのようなことに留意すべきなのかなどについても，とてもたくさんの蓄積があるのです。

（6）総 合 性

ソーシャルワークの重要性を力説していると，しばしば，「ソーシャルワークだけではだめですよね」と，批判とも注意ともとれる応答をいただくことがあります。筆者は，そのような時「もちろんです」とだけ答えます。しかし，内心では，「ソーシャルワークそのものについての説明をもっときちんと行って，わかってもらわないといけないな」という気持ちを抱いています。

ソーシャルワークという方法は，もともと「自分の力だけでは，十分なことはできない。それは，目の前の人と本気で向き合えばわかる。この人の問題を一緒に解決するために，できることは何でもやろう。いろいろな人の力を借り，いろいろなものを活用していこう」という発想の下で展開されるものだからです。ソーシャルワークは，支援者自らが，その人と向き合うと同時に，その人の福祉の向上のために，利用できる（社会）資源を最大限に活用する支援方法だといえると思います。

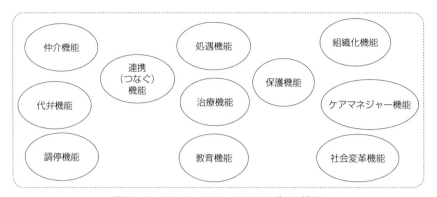

図 12-1　ソーシャルワークのさまざまな機能

出所：日本社会福祉実践理論学会ソーシャルワーク研究会「ソーシャルワークのあり方に関する研究調査報告書」
　　　1997年より筆者作成。

3 | 機能：ソーシャルワークにおける「働きかけ」の多様性

　さて，この「何でもやろう。いろいろな人たちの力を借りよう」という点を
もう少しだけ見てみましょう。

　ソーシャルワークを行う際にとり得るさまざまな働きかけに関して個々に説
明することは省略しますが，多くの研究者や実践者は，これらを「ソーシャル
ワークの機能」と呼んで，整理しています。図 12-1 は，この整理に従って，
ソーシャルワークが行う多様な「働きかけ」を表したものです。

4 | 展開過程：ソーシャルワークのすすめ方

　ソーシャルワークを行うためには，その手順を理解しておかなければなりま
せん。実際の事例にかかわる場合には，その場その場に応じた臨機応変な対応
が求められますが，行おうとするさまざまなかかわりを，図 12-2 に表した
「ニーズの把握」から「終結」に至る典型的な支援過程に照らして，全体の進
行をイメージしながら，かかわりを組み立てていくのがよいと思います。

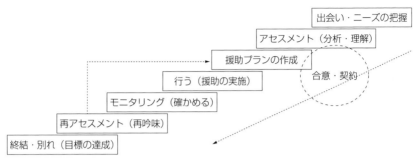

図12-2　ソーシャルワークの展開過程

出所：筆者作成。

2 社会的養護と児童自立支援計画とソーシャルワーク

　さて，いよいよ社会的養護とソーシャルワークとの関係に内容を進めていきましょう。ここまで，ソーシャルワークの基本に立ち戻って述べてきたのは，ソーシャルワークを適切に理解することなく，社会的養護におけるソーシャルワークが語られることが少なくないという問題意識を感じているためです。

　社会的養護の実践は，子どもたちが何らかの事情で，保護者による適切な養育を受けられない事態が発生することによって始まります。しかし，「このような事態の発生を予防しよう」「このような事態が発生しても何らかの手だてを行うことで子どもと保護者が共に暮らし続けられるようにしよう」ということまでを含めて社会的養護ととらえる考え方があり，近年広がってきています。このような立場に立てば，「子育て支援」と「社会的養護」は連続したものだといえます。

　いずれにしても，社会的養護の実践は，「子どもの養護問題の発生予防と在宅支援」や，「委託解除後・施設退所後の支援」と切り離して，単に，里親に委託されている，あるいは施設に入所している間だけ行えばよいというものではありません。子どもたちの人生の連続性を見据え，その全体の一部分にかかわっていることの意味を考えながら，その文脈の中で，日々子どもたちとかかわり，保護者や関係者とやりとりをすることが必要です。

　実は，このような考え方を，具体的な作業・行動として社会的養護の実践者たちに求めることにしたものが，里親が行う養育に関する最低基準第10条，児童福祉施設の設備及び運営に関する基準第24条の2（乳児院），第29条の2（母子生活支援施設），第45条の2（児童養護施設），第76条（児童心理治療施設），第84条の2（児童自立支援施設），児童福祉法施行規則第1条の24（小規模住居型児童養育事業）に定められた「自立支援計画の策定」だといってよいでしょう[4]。

　里親およびこれらの児童福祉施設の長・職員等は，個々の子どもごとに作成する児童自立支援計画に従って子どもたちを養育し，支援を組み立てていかなければなりません。自立支援計画とは，「個々の子どもたちのためのケアプラン」に他ならないからです。

　そして，このような「自立支援計画」の意図するところを正確に理解するならば，児童自立支援計画を実行するためには，里親や児童福祉施設のケアワーカーだけでそれを行おうとしても不可能である（現実的でない）ことがわかります。そして，これに呼応するように，里親が行う養育に関する最低基準の第15条「関係機関との連携」や同第20条の「家庭環境の調整への協力」[5]，あるいは，児童福祉施設の設備及び運営に関する基準第45条第4項，第47条等における[6]「家庭環境の調整」や「関係機関との連携」を行わなければならない旨の規定が定められていることに気づくでしょう。

　しかし，残念ながら，今なお決して少なくない施設で，児童自立支援計画を，このような意味や広がりがあるものとしてとらえることなく，ケアワーカーと子どもとのかかわりのみに重点を置いたものとして作成し，その視点だけで実践が組み立てられている例が散見されます。

　ソーシャルワークの特徴の箇所で述べたように，ミクロとマクロの両方の視点に立った見方を組み合わせ，また，そのような見方の間を行き来しながら，

▷4　小規模住居型児童養育事業は，児童福祉法施行規則第1条の9～第1条の30に基づいて運営されている。

▷5　ただし，第20条の適用は，専門里親のみである。

▷6　ここでは児童養護施設における規定のみを挙げたが，乳児院・母子生活支援施設・児童心理治療施設・児童自立支援施設に関しても，ほぼ同様の規定が設けられている。

さまざまな関係者や子どもとその保護者の参加を得て，また，できるだけ多くの人や機関から支援を受けて子どもとその保護者を支援していくことが必要だということを，浸透させなければならないと思います。

③　ファミリーソーシャルワーカー

1 | ファミリーソーシャルワーカーが配置されている意義

　今では，前頁に挙げた児童福祉施設には，ここまで述べてきたような視点で実践を進めるための職員，すなわちファミリーソーシャルワーカー（家庭支援専門相談員）が配置されるようになりました[7]。残念ながら，まだその多くがケアワーカー業務との兼務であったり，ソーシャルワークの専門的訓練を受けていない職員がこの任にあたっている例があることなどから[8]，一部には，その機能が十分発揮されているとは言いがたい状況が残りますが，一施設に複数の配置が可能になったなど，今後も進展が期待されます。ファミリーソーシャルワーカーの配置によって，社会的養護の実践が，子どもの人生を全体としてとらえ，子どもとその家族を総合的に支援するという本来の役割を果たしうる可能性が高まったといえます。

　ファミリーソーシャルワーカーが行うべき業務を，国の通知文から引用して，紹介します（表12-1）。

---

[7]　1999年から乳児院に，その後，2004年からは児童養護施設等の施設にも配置された。

[8]　「施設養護の経験が十分でない者に，この仕事ができるはずはない」という声が聞かれる。役職を与えるという趣旨で，ケアワーカーとしての経験が長い職員にこの職が与えられていることも少なくないようである。果たして，これでよいのだろうか。このような人には，直接支援全体のスーパービジョンを行う「基幹的職員」になってもらうことこそ相応しいと思われる。「ソーシャルワークの経験が長いからといって，いきなりケアワークが上手にできるはずはない。」この見地に照らして考えれば容易に理解できるはずである。ソーシャルワーカーとしての教育・訓練を受けた人を配置すべきである。

表12-1　ファミリーソーシャルワーカーの業務内容

1　対象児童の早期家庭復帰のための保護者等に対する相談援助業務
　(1)　保護者等への施設内又は保護者宅訪問による相談援助
　(2)　保護者等への家庭復帰後における相談援助
2　退所後の児童に対する継続的な相談援助
3　里親委託の推進のための業務
　(1)　里親希望家庭への相談援助
　(2)　里親への委託後における相談援助
　(3)　里親の新規開拓
4　養子縁組の推進のための業務
　(1)　養子縁組を希望する家庭への相談援助等
　(2)　養子縁組の成立後における相談援助等
5　地域の子育て家庭に対する育児不安の解消のための相談援助
6　要保護児童の状況の把握や情報交換を行うための協議会への参画
7　施設職員への指導・助言及びケース会議への出席
8　児童相談所等関係機関との連絡・調整
9　その他業務の遂行に必要な業務

出所：厚生労働省雇用均等・児童家庭局長通知「家庭支援専門相談員，里親支援専門相談員，心理療法担当職員，個別対応職員，職業指導員及び医療的ケアを担当する職員の配置について」（平成28年6月20日雇児発0620第16号）。

2│ファミリーソーシャルワーカーが行う家族面接のもち方

　さて，本章の最後として，ファミリーソーシャルワーカーが，配置された目的を実現し，求められる機能を十分に果たすために，具体的な提案を一つしておきたいと思います。それは，ファミリーソーシャルワーカーの中心的な業務の一つと考えられる家族面接のもち方についての提案です。

　実際に業務を行ってみると，面接以上に苦労するのが，保護者や関係者との面接の日時を決めることだと気づきます。入所の時に来園したのを最後に，連絡がつかなくなり，面接の機会がないまま，当初に合意されたプランとは全く異なる経過をたどることも珍しくありません。

　入所後の1カ月とは，果たしてどのような時期（期間）なのでしょうか。子どもにしてみれば，新しい生活に馴染むのに精一杯であり，施設にしてみれば，入所した子どもの状況を把握し，その適応を助けるのに精一杯な時期といえるでしょう。また，保護者にとっては，子どもがいない生活に直面し，それを受

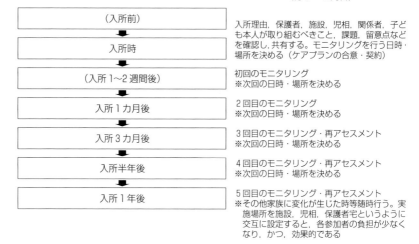

〈行うべき内容〉

（入所前）	入所理由，保護者，施設，児相，関係者，子ども本人が取り組むべきこと，課題，留意点などを確認し，共有する。モニタリングを行う日時・場所を決める（ケアプランの合意・契約）
入所時	
（入所1～2週間後）	初回のモニタリング ※次回の日時・場所を決める
入所1カ月後	2回目のモニタリング ※次回の日時・場所を決める
入所3カ月後	3回目のモニタリング・再アセスメント ※次回の日時・場所を決める
入所半年後	4回目のモニタリング・再アセスメント ※次回の日時・場所を決める
入所1年後	5回目のモニタリング・再アセスメント ※その他家族に変化が生じた時等随時行う。実施場所を施設，児相，保護者宅というように交互に設定すると，各参加者の負担が少なくなり，かつ，効果的である

図 12 - 3　家族面接を設定すべき時点・タイミング

出所：筆者作成。

け入れる期間だといえます。子どもの保護が必要になった事由によって異なるでしょうが，多くの保護者はまだまだ渦中の人で，問題の真っ最中にいます。しかし，これらが収まってから面接日時の調整を始めるということになれば，それこそ，実際の面接の日時はどんどんとずれ込んでしまいます。そして，その結果，面接ができるのは早くても入所から3カ月以上が過ぎた頃ということになってしまいます。児童相談所のほうも，入所が決まるとホッとしてしまう。そこに早急な対応を迫られる別の新たな事例が飛び込んでくるのです。その結果，入所した事例への対応が抜け落ちてしまうこともあります。

　このようにして，親子が離れて暮らす生活は固定化され，入所後に入所の時点では知り得なかったことや，気づき得なかったことがわかったとしても，それを支援に活かし，プランを修正することにつなげることが難しくなるのです。

　面倒に見えても，入所の時に1週間後～1カ月後の面接を約束し，それを順々につなげていくという図12 - 3に示したやり方をとりたいものです。このような方法は極めて有効で，支援過程の全体でとらえるならば，結果的にずっと省力化が図れます。この図に示したようなタイミングで児童福祉施設や児

童相談所との合同の家族面接を継続することができるなら，両者の間で生じる温度差や深刻な行き違いは，ずっと減らすことができると考えられます。

本章のまとめ

　子どもには，生活があり，人生があります。里親や児童福祉施設に預けられている時だけを切り取って支援するのでは，最善の利益は図れません。多様な視点，さまざまな人・もの・制度などを活用して支援することが重要です。

第 13 章

児童福祉施設の運営管理

・　・　・

ポイント

1　児童福祉施設の運営管理の仕組み
2　児童福祉施設の設備及び運営に関する基準と措置費制度の内容，両者の関係等
3　会議の意義，施設内虐待の防止や苦情解決等

1　設立の経緯と理念

　児童福祉施設の中には，明治時代に設立され100年以上の歴史をもつ施設も
あります。しかし，数が多いのは，第二次世界大戦によって生み出されたたく
さんの戦災孤児や引き揚げ孤児の保護受け入れ先として昭和20年代に設立され
た施設です。昭和30年代の初めには，現在とさほど違いのない数の乳児院・児
童養護施設・児童自立支援施設が整えられました。その後，昭和30年代に，情
緒障害児短期治療施設（現・児童心理治療施設）が創設され，あまり大きな変
動がない時期を経た上で，平成10年前後までは在籍児童が最も少ない時期をた
どりました。その後，子ども虐待が注目されて積極的に親子分離が進められる
ようになったことなどから，新たな受け入れが難しいほど各施設の在籍率が高
まることになりました。これを受けて，平成10年代の後半以降，乳児院・児童
養護施設や児童心理治療施設を新たに設置する動きが生まれました。

　各児童福祉施設の仕組みや運営の仕方を見る時，その施設が，どの時代にど
のような使命（ミッション）を感じ，誰（設置主体，運営主体）によって，ど
のような理念の下で設立されたのかを抜きにしては理解できないことがわかって
きます。各施設のあり方の特徴，すなわち特性は，一人の人間の個性がその人
の生い立ちや歴史に左右されているのと同じように，その施設の始まりとその

後の経緯によって左右され，現在の形になっていることが理解できると思います。

② 法人理事会と施設運営との関係

　株式会社に取締役会があり，会社の経営にかかわる基本的な事項を決定し，その決定の下で社員が業務にあたるように，社会福祉法人によって管理・運営される児童福祉施設では，法人の理事会で，児童福祉施設の経営にかかわる重要事項が決定され，その決定の下で，職員が業務にあたることになります。

　大きな運営上の問題がなければ，法人理事会が開かれるのは，予算・補正予算・決算を審議し決定する年間3回程度なので，一般の施設職員の目からは，何か形式的な集まりであるかのように映りがちです。しかし法人の理事会には，予算の決定・決算の承認の他，財産の取得や処分（施設建物の建築を含む），施設長の任免などを決定する重要な役割があります。理事長はこの理事会を代表します。

　この理事会がその役割を適切に果たしていくためには，ポイントとなることがいくつかあります。児童福祉施設の職員として，少なくとも次の2つのことを理解しておきたいものです。

1 │ 理事会メンバーの構成

　会社であれば，取締役会に相当する組織ですから，どのような人たちがメンバーとして理事会を構成しているかは重要なことです。施設長が理事会のメンバーであることは必須のことですが，この他にも，構成員に，①児童福祉や児童福祉施設のことに関して専門的な知識をもっている人がいるかどうか，②施

▷1　第1種社会福祉事業である入所型の児童福祉施設は，国，地方公共団体，日本赤十字社，社会福祉法人のいずれかによって設置運営されている。各施設の特性は，まず，その施設の設置主体が，公立か民間かによって大きく異なる。公立施設には，公立施設としての共通した特徴がある。これは，管理者が数年で入れ替わること，行政の関与の度合いが高いことなどに由来すると考えられる。これに対して，民間の児童福祉施設には，各々はっきりとした個性が認められる。

設所在地の地域の事情を理解し，地域の関係者と良好なコミュニケーションが図れる人がいるかどうか，③施設経営にとって重要な財務・会計の知識に明るい人がいるかどうか，④構成員が法人の理念を正しく理解し，施設が設置されている使命に則って，公正で適切な意志決定ができる人たちかどうか，等が考慮されなければなりません。

2 | 定　款

すばらしいメンバーが揃っていても，そこに適切なルールが設けられていなければ，その集まりが力を発揮することはできません。このルールにあたるものが，法人の「定款」です。

定款とは，法人を国に例えるならば，「憲法」にあたるものです。社会福祉法人を設立する際には定款を定めなければなりませんので，定款をもたない法人は存在しません。定款を，ただの形式的な規定と考えてしまってはなりません。職員も，定款が，各法人，各施設の最も基本的な規定，すなわち憲法に匹敵するものであることを理解し，一度は目を通しておきたいものです。

③　施設所在地の特徴を活かす

児童福祉施設の特徴は，他の社会福祉施設に比べて，施設所在地との結びつきが深いところにあるといえます。社会福祉施設は，数十年にわたって「施設の地域開放・交流」に取り組んで来ました。近年では，多くの高齢者福祉施設や障害者福祉施設を運営する社会福祉法人がデイサービス部門を併設し，在宅介護の拠点としての機能ももつようになっています。そのために，児童福祉施設だけが，地域化において遅れているかのように受け取られがちですが，児童

▷2　確かに，地域の福祉ニーズを地域で満たすという点では，入所型児童福祉施設の取り組みは遅れている。入所型児童福祉施設が，地域で暮らす子どもと家族の相談援助を行う児童家庭支援センターを併設する例は認められるが，十分な広がりを見せるところまでには至っていない。今後，乳児院や児童養護施設では，里親や在宅家庭への支援等を行うなど，施設の多機能化・機能転換を図ることにより，さらに専門性を高めていくことが期待されている。

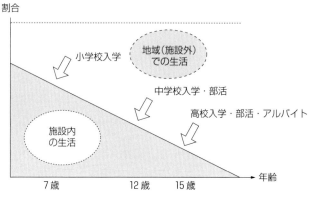

図 13−1　子どもの成長と地域（施設外生活）との関係

出所：筆者作成。

福祉施設は，別の形で地域社会との強いつながりをもっています（図 13−1）。

　子どもたちは施設敷地内だけで生活するわけではありません。施設そのもの
も，その施設が位置する地域や町並みの影響の下で生活を組み立てているので
すが，幼児であっても，小学生であっても，中高生であればなおさら，地域と
の強い結びつきの中で時間を過ごし，人々との交流を重ね，生活を組み立てて
いるのです。

　家庭にいる子どもたちでも，中高生になれば，学校・部活・アルバイト・友
だちの家等で過ごす時間が多く（長く）なるでしょう。家庭にいる子どもたち
と同様に，年長になればなるほど施設外のさまざまなことに関係し，それらと
のかかわりも増え広がることになります。そして，トラブルが生じれば，それ
に対応することが必要になります。

　児童福祉施設の管理・運営を考える上では，地域との良好な関係を保つこと，
地域の特徴や特性に合わせた実践を行うことは，非常に重要なことだといえる
でしょう。地域に存在するさまざまな社会資源，何よりも学校や子ども会，そ
の他公園，公民館活動，ボランティアグループ等との関係のとり方や利用の仕
方は，施設運営の重要な柱になる事柄なのです。

④　施設の建物・運営形態

　生活を組み立てる上で，どのような広さの，どのような形の，どのような雰囲気をもった建物でその生活が営まれるかということは，非常に大切なことです。庭があるかどうか，衛生的であるかどうか，おしゃれであるかどうか，これらのことは，そこで生活し，そこで育つ人間に，決定的な影響を及ぼします。

　しかし，地域や施設の考え方などによって大きな差があるのが実情です。育った地域によって，そして入所する施設によって，このような差があってよいものでしょうか。

　こども家庭庁が示している資料によれば[3]，地域小規模児童養護施設や小規模グループケア（67頁参照）といった施設の小規模化は緩やかに進み，2019年にようやく児童養護施設の5割以上（定員での割合）がこのような形態となりました。

　次節で，詳しく述べる児童福祉施設の設備及び運営に関する基準には，定員の上限にかかわる規定はなく，児童養護施設の居室について，「一室の定員は，これを4人以下とし，その面積は，一人につき$4.95\,\mathrm{m}^2$以上とすること。ただし，乳幼児のみの居室の一室の定員は，これを6人以下とし，その面積は一人につき$3.3\,\mathrm{m}^2$以上とする」（第41条第2項）という基準が定められているだけです。この基準は，2011年に改正されるまではさらに低い「一室15人以下」「（年齢に関係なく）一人$3.3\,\mathrm{m}^2$以上」という内容でした。こうしたところにも施設によって差が生じる要因があるように考えられます。

⑤　児童福祉施設の設備及び運営に関する基準とは[4]

　児童福祉法第45条には，「①都道府県は，児童福祉施設の設備及び運営につ

▷3　こども家庭庁支援局家庭福祉課「社会的養育の推進に向けて」2023年12月。
▷4　2012年4月より，「児童福祉施設最低基準」から名称が変更された。

いて，条例で基準を定めなければならない。この場合において，その基準は，児童の身体的，精神的及び社会的な発達のために必要な生活水準を確保するものでなければならない。②都道府県が前項の条例を定めるに当たつては，次に掲げる事項については内閣府令で定める基準に従い定めるものとし，その他の事項については内閣府令で定める基準を参酌するものとする」と定められています。この基準を，「児童福祉施設の設備及び運営に関する基準」といいます。

1 | 基準の意味

この基準が意味するところは，「この基準さえ満たしていればよい」「この基準の程度で運営しなさい」というものではありません。そうではなく，「最低限基準だけはクリアしなくてはなりません」「もし，この基準を満たしていなければ，それは不適切な運営であり，指導・勧告・命令の対象となります」というものです。そして，児童福祉法およびこの基準は，児童福祉施設の設置者に対して，この基準を超えて設備や運営の水準向上を図ることを求めています。

2 | 基準の概要

先に，児童養護施設の居室についての基準の例を紹介しましたが，これを含めて，表13-1では全体の概要を示しています。これは，児童福祉施設の設備及び運営に関する基準の本文の構造と同じように，共通する一般的事項を挙げた上で，施設の種類ごとに異なるものを記しています。

3 | 基準に基づく職員配置

表13-1を見ると，細かいことがたくさん決められているという印象を受けるかもしれません。そして，気をつけないと，その印象に引きずられて，その中の重要な内容を見落としてしまいかねません。そこでここでは，児童養護施設における職員配置を取り上げて確認します。

表13-1に記したように，児童養護施設には，日常的に子どもたちに直接かかわるケアワーカーとして，児童指導員ないし保育士が配置されています。表

表 13 - 1　児童福祉施設の設備及び運営に関する基準の主な内容（社会的養護関係施設）

条文	項　目	内　　容				
－	－	児童養護施設	乳児院	母子生活支援施設	児童心理治療施設	児童自立支援施設
第5条 1～3項	一般原則	・入所している者の人権に十分配慮し，一人一人の人格を尊重して運営する。 ・地域社会との交流及び連携を図り，児童の保護者及び地域社会に対して，施設の運営の内容を説明する。 ・運営の内容について自ら評価し，その結果を公表する。				
同 4・5項	同上（設備，構造）	・法に定めるそれぞれの目的を達成するために必要な設備を設ける。 ・採光，換気等入所している者の保健衛生及び危害防止に十分考慮する。				
第6条	非常災害	消火用具を備え，非常口等を設け，災害に対する具体的な計画を立て，訓練を行う。避難・消火に対する訓練は少なくとも月1回以上行うこと。				
第6条の3	安全計画	・設備の安全点検，職員，児童等に対する安全の指導，職員の研修や訓練を行う。 ・安全にかかわる計画を策定し，必要な措置を講じる。 ・定期的に研修や訓練，安全計画の見直しを行う。				
第7条の2	職員の技能の向上	職員は知識・技能の修得・維持及び向上に努めなければならない。施設は研修の機会を確保しなければならない。				
第9条	平等に取り扱う原則	入所児童を差別的に取り扱ってはならない。				
第9条の2	虐待等の禁止	虐待等児童の心身に有害な影響を与える行為をしてはならない。				
第10条	衛生管理等	食器，水，感染症の防止，入浴に関する規定，医薬品等を備えるべきこと。				
第11条	食事	施設内で調理すること，献立は変化に富み，栄養や嗜好を考慮したものでなければならない。献立の作成（家庭的環境下での調理の場合は弾力的）。				
第12条	健康診断	学校保健安全法に準じた方法で，入所時の健康診断と，1年に2回の定期健康診断と臨時の健康診断を行わなければならない。				
第13条	内部の規程	入所児童の援助にかかわる規程，施設の管理に関する重要事項に関して内部規程を設けなければならない。				
第14条	備える帳簿	職員，財産，収支，入所している児童の処遇の状況を明らかにする帳簿を整備しておかなければならない。				
第14条の2	秘密保持等	職員は，正当な理由なく，業務上知り得た児童とその家族の秘密を漏らしてはならない。				
第14条の3	苦情への対応	苦情に迅速に対処するために，苦情受け付け窓口を設け，職員以外の第三者を関与させ，都道府県や市町村の指導・助言に従い，社会福祉法が規定する運営適正化委員会が行う調査に協力しなければならない。				
第41条他	必要な部屋	児童の居室，相談室，調理室，浴室，便所，30人以上の場合には，医務室，静養室	寝室，観察室，診察室，病室，ほふく室，相談室，調理室，浴室，便所	母子の部屋，集会・学習等を行う部屋，相談室。母子室に調理設備，浴室，便所を設けること。	児童の居室，医務室，静養室，遊戯室，観察室，心理検査室，相談室，工作室，調理室，浴室，便所，男女の居室は別にする。	児童養護施設の規定を準用する。ただし，男女の居室は別にする。

（表 13 - 1 のつづき）

条文	項目	児童養護施設	乳児院	母子生活支援施設	児童心理治療施設	児童自立支援施設
ー	ー					
第41条他	居室の面積・定員等	1室4人以下，1人につき4.95 m² 以上	寝室定員はなし，1人につき2.47m²以上	1世帯につき1室以上，1室30 m² 以上	1室4人以下，1人につき4.95 m² 以上	児童養護施設の基準を準用
第42条他	配置すべき職員	児童指導員，嘱託医，保育士，個別対応職員，家庭支援専門相談員，栄養士，調理員，心理療法担当職員	小児科医（嘱託可），看護師（一定の基準のもとで保育士又は児童指導員で可），個別対応職員，家庭支援専門相談員，栄養士，調理員，心理療法担当職員	母子支援員，嘱託医，少年を指導する職員，調理員，個別対応職員，心理療法担当職員	医師，心理療法担当職員，児童指導員，保育士，看護師，個別対応職員，家庭支援専門相談員，栄養士，調理員	児童自立支援専門員，児童生活支援員，嘱託医，精神科医（嘱託可），個別対応職員，家庭支援専門相談員，栄養士，調理員，心理療法担当職員
同上	職員の配置基準	児童指導員及び保育士の総数 2歳未満児 1.6対1 2歳以上3歳未満 2対1 3歳以上の幼児 4対1 少年 5.5対1 心理療法担当職員 必要な児童10人以上で配置	看護師又は保育士・児童指導員 乳児 1.6対1 2歳未満児 2対1 （3歳以上 4対1） 心理療法担当職員 必要な児童または保護者10人以上で配置	10世帯以上20世帯未満 母子支援員2人以上 母子支援員3人以上 少年を指導する職員2人以上 心理療法担当職員 必要な母子10人以上で配置	心理療法担当職員 児童10対1 児童指導員及び保育士の総数 児童4.5対1	児童自立支援専門員及び児童生活支援員の総数 児童4.5対1 心理療法担当職員 必要な児童10人以上で配置
第45条の3他	業務の質の評価	自らその業務の質の評価を行うとともに，定期的に外部の者による評価を受けて，それらの結果を公表し，常にその改善を図らなければならない。				
第46条他	児童と起居を共にする職員	児童指導員及び保育士のうち少なくとも1人	規定がない（宿直ではなく，夜間勤務が想定されている）	規定がない	児童養護施設の規定を準用	児童自立支援専門員及び児童生活支援員のうち少なくとも1人

出所：児童福祉施設の設備及び運営に関する基準より筆者作成。

だけをみると，とてもたくさんの職員が配置されているように見えますが，児童養護施設の援助が24時間365日休みなく続けられていることを踏まえると，決して十分な基準とはいえません。なお，2015年度予算から，職員配置にかかわる児童入所施設措置費等国庫負担金における定数は大幅に改善されました。職員配置の最低人数は児童養護施設でいえば，2歳以上3歳未満では2人に1人以上，3歳以上の幼児では3人に1人以上，少年では4人に1人以上という内容です。このような規模の大きな改善は，実に1976（昭和51）年以来のものです。ただし，この予算の内容に合わせた「児童福祉施設の設備及び運営に関する基準」自体の改正は表13-1からわかるように，まだ実施されていません。職員配置が実際に改善された状況を踏まえて行うとされています。

6　職員の勤務体制・形態

　次に，職員がどのような勤務形態で仕事をしているのか，これも児童養護施設の児童指導員・保育士を例にとって説明しましょう。この場合の勤務形態は，おおよそ次の3つに分類することができます。

①ローテーション制

　早番，遅番，日勤，宿直（夜勤）を組み合わせる勤務です。病院で働く看護師の働き方を思い浮かべると，想像しやすいと思います。

②断続勤務を含むローテーション制

　基本はローテーション制と同じですが，朝・夕・就寝準備に人手がかかることを踏まえて，午前9時頃から午後3時頃までを休憩時間とする勤務が入ってきます。拘束時間が長いため大変に思える断続勤務ですが，実際に勤務している人からは，「かかわりが増えて，子どもが安定するので，職員にとっても悪くない」「早出・遅出とめまぐるしく変わるより体が楽です」という声も聞かれます。

▷5　都道府県が児童福祉施設の運営に要する費用を支弁する（支払う）場合に，その2分の1を負担するという制度。

③住み込み制

施設建物の中に職員が住んで，子どもたちと寝食を共にする働き方です。子どもたちと深くかかわれる点では優れていますが，職員の負担が大きく，「長く働き続ける」「ワークライフバランス」という点からは，課題があります。ある人は，休日は「部屋にこもる」，またある人は「外出する」「実家等に泊まりに行く」といった，要は，寝食を共にする子どもたちや，その場となる施設自体から距離をおいた過ごし方をしているとのことでした。[6]

仕事をしていく上で，最も大切にすべきことの一つが「休みをとること」だといってよいでしょう。すでに述べた勤務の形態から推察できるように，児童福祉施設で働く場合の休みのとり方は，勤務日同様不定期なものになりがちです。「あらかじめ希望を聞いた上で，担当者が勤務表を作成する」というやり方で，休みが割り振られます。特定の職員に負担が集中しない範囲内で，計画的に，かつ連続した休日を確保し，リフレッシュできるように努めたいものです。

7 措置制度と施設の会計

1 措置と措置費制度

「多くの社会福祉施設が，利用者との直接契約制度に移行した中，乳児院や児童養護施設等では，措置制度が堅持された」といわれます。措置制度とは，支援を受けたい人が，支援の提供者に直接申し込んで契約を結ぶのではなく，都道府県や市町村といった行政機関が，支援を必要とする人との合意を前提として，提供する支援の内容を決定するという仕組みです。

障害児施設の場合には，障害者自立支援法（現・障害者総合支援法）の施行

▷6　ある児童養護施設では，現在でも20代の未婚の職員は，一定の期間，住み込みで勤務することを原則としているという。ただし，この施設を経営する法人は，保育所や学童保育所も経営しており，結婚後も出産後も子どもたちにかかわり続けられる体制を整えることをめざしている。

以降，契約により支援が提供される仕組みが導入され，両者が併存することになりました。ただし入所型の児童福祉施設では，「子どもに代わって契約の当事者となるべき保護者が，児童虐待などを含む何らかの事情で子どもを適切に監護できないことが保護の理由であるため，契約制度に馴染まない」ということで措置制度が継続されています[7]。そして，この措置に要する費用を行政が支援サービスの提供者である福祉施設に支払い（制度上の用語で「支弁する」），保護者には所得に応じて負担金を納めてもらう（「徴収する」）仕組みが，「措置費制度」です。児童福祉施設は，この措置費の支弁を受ける条件として，先に述べた最低基準を満たしていることが求められますので，措置費は「最低基準を満たすための経費」とも説明されています。

2 ｜ 措置費と施設の会計

　良い支援を行うためには，その裏づけがなければなりません。これまで施設のハード面や職員のことを中心に述べてきましたが，この2つにも大きくかかわる財源について知っておきましょう。すでに措置費という仕組みによって，行政から児童福祉施設にお金が支弁されることは述べましたが，この支弁されるお金の額は，どのように決まり，その内訳はどうなっているのでしょうか。その基本となる部分だけですが，図13-2に示しました。合わせて，この図を理解するために必要な説明（ポイント）を，次のようにまとめておきます。

・措置費は，事務費と事業費に分けられます[8]。

・収入額（措置費の額）は，同一内容の施設であれば一定です。

▶ 7　障害児施設の入所における契約と措置の判断には，自治体によるバラツキがあることが指摘された。このため，2009（平成21）年11月27日付で厚生労働省社会援護局障害福祉課長から，虐待のおそれがある場合も，虐待として柔軟に対応することなどを求める通知が発出されている。

▶ 8　児童養護施設等の入所型児童福祉施設では，措置費のうち事務費は定員払い，事業費は現員払いによって支弁されている。定員払いは，定員が50名の施設であれば，在籍が定員と同じ50人でも，定員を下回る人数でも，同じ50人分の金額が支弁され，現員払いは，定員にかかわらず実際に在籍する人数分の金額が支弁されるというものである。定員払いは，一見不合理なようにも見えるが，卒業などによって年度末に退所が多いことや，年度の途中でも子どもたちを受け入れられるようにするために，非常に重要な仕組みである。なお，定員払いの下でも定員と現員との間に大きな開差が生じないようにするための工夫（暫定定員）も設けられている。

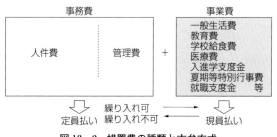

図13-2　措置費の種類と支弁方式

出所：筆者作成。

・事務費，すなわち人件費と管理費（出張旅費，研修等に要する経費，設備維持に要する経費等）の額は，施設種別と定員と施設所在地により自動的に決定されますが，職員の平均勤続年数や特別な取り組みの有無，幼児の入所状況等により調整されます。2019年度からは，施設毎の取り組み内容および小規模かつ地域分散化のための加算により，条件（地域小規模児童養護施設，及び定員4～6名の分園型小規模グループケアであること）を満たせば大幅な職員の増配置が可能となりました。

・事業費は入所児童の生活に直接要するという性格上，事務費への繰り入れは認められません。事業費の細目は，支弁される額を算定する基準であって，支出額の基準ではありません。しかし，いずれも目的に沿った適正な支出が必要なことは言うまでもありません。

⑧　職員会議

ハード面，職員，財源の次に，職員会議について述べたいと思います。職員会議は，最初に記した施設経営の理念や法人理事会が決定した運営の方針，また，子どもたちやその家族のニーズから判断される支援の方向性を，実際の支援としてどう具体化するかにおいて，極めて重要なものです。社会的養護の支援は，個々の職員や一部の職員がバラバラに展開したのでは，良いものになっていきません。一時的には，良いように見えても，その状態を維持することは

できず，子どもたちの生活と育ちを支えるものとしては，安定性に欠けてしまいがちです。

　児童福祉施設における職員会議には，いろいろなものがありますが，概ね以下のようなものが，それぞれの施設の状況や特徴に合わせて設けられています。

　①勤務引き継ぎ・打ち合わせ

　「引き継ぎ」「朝礼」などといった呼び方がされています。前日までの子どもたちの状況，その日の予定，連絡事項などが周知されます。

　②支援・処遇会議

　入所している子どもたちの支援に直接かかわる事項が取り扱われます。個々の子どもたち，子ども同士の関係，家族や学校にかかわること，トラブルへの対処，家庭引き取り，進学・就職・自立にかかわることなど，取り扱われる範囲は，驚くほど広いものです（テーマに沿ってもたれる場合の他，事例検討の形で行われる場合があります）。自立支援計画の作成にかかわる協議もこの場で取り扱われることが多いと思われます。

　③職員全体会議

　子どもたちの生活の流れに沿って職員の勤務が組まれる児童福祉施設では，すべての職員が一堂に会する機会をもつことは簡単なことではありません。

　しかし，理念や方針を共有し，連続性があるバランスのとれた支援を展開するためには，全職員が顔を合わせる会議を最低月1回程度はもつことが必要でしょう。

　④支援グループごとの話し合い

　子どもたちの生活の単位を構成する職員による話し合いです。正式なものとして位置づけられている場合と，非公式に随時もたれている場合があります。

　⑤各種委員会

　給食委員会，研修委員会，保健委員会，広報委員会，性教育委員会，防災委員会等といった委員会が設けられている例が見られます。

　⑥管理的職員の会議

　正式な会議として位置づけられている場合と随時行われている場合の違いは

あるとしても，日々の施設運営の中で，管理者が協議し，意志決定をしなければならないことが多くあります。施設長，主任指導員・主任保育士，事務長といった管理的職員間のコミュニケーションが良好でなければ，良い支援は実現できません。

　生活単位の小規模化や地域分散化の取り組みを進めた施設では，分散化した各々の生活単位で勤務する職員が孤立しやすいことや，彼らの負担感が高まりやすいことが課題となっています。本体施設から適切にバックアップを受けられるようにすることの他，文書管理システムを共有することやWeb会議で各生活単位をつなぐことなどにより，効率化を図るとともに孤立などを予防する取り組みが必要です。

⑨　施設内虐待の防止，苦情解決，第三者評価，アドボカシー

　本章の結びとして，児童福祉施設における施設内虐待防止への取り組みと苦情解決の仕組み及び第三者評価の仕組み・アドボカシーについて述べたいと思います。

　2009年4月1日からは，「被措置児童」に対する虐待を発見した者への通告義務（被措置児童等虐待通告制度）とこれに対応する仕組みが導入されています。[9] 保護者と暮らせない子どもたちが，保護された先でも不適切な扱いを受けるようなことは，絶対に防がなければなりません。

　施設には，苦情解決責任者をおくとともに，苦情を受けつける窓口となる人，施設の外部から第三者的に寄せられた苦情等について判断し，意見を述べたり

▶9　実際に被措置児童虐待があった場合の対応のガイドラインが2009（平成21）年3月31日付で厚生労働省雇用均等・児童家庭局家庭福祉課通知として発出されている（「被措置児童等虐待対応ガイドライン」）。その結果は，毎年度とりまとめられており，こども家庭庁HPで閲覧することができる。また，制度ができて5年が経過したことを踏まえて2014年に厚生労働省内には「被措置児童等虐待事例の分析に関するワーキンググループ」が置かれ，検討が行われた。これについては，第15章の内容と合わせて確認してほしい。この通知は令和4年6月15日に一部改正され，里親委託の内容が具体的に記述されるなど大幅に更新された。

する人を置かなければなりません。特に第三者として関与してもらう人には，実際にその大切な役割を果たせる人になってもらうことが重要です。苦情解決の仕組みを形骸化させることがあってはなりません。

　また2012年度以降は，社会的養護関係施設は，「第三者評価」を受審することが義務とされました。3年に1度，これを受審する経費が措置費として支弁されます。第三者評価は，福祉サービスの担い手でも受け手でもない第三者が，専門的な視点から提供される福祉サービスを評価するものです。この仕組みは，サービスの担い手による自己評価（第一者評価）との対比や利用者の評価（第二者評価）を把握することを前提としています。

　時折，「苦情受付用ポストを設置しているが手紙が入ることはない」という管理者の満足げな声を聞くことがありますが，これは本当に良いことなのでしょうか。人の生活に不満がないなどということ自体，現実的ではないと思います。しかも，子どもたちが，自分の手で文章を綴って，担当職員を飛び越えて苦情の手紙を書くことは相当に高いハードルを飛び越えることだと認識すべきです。普段から，子どもの権利とニーズに敏感であること，「ヒヤリとしたこと，ハッとしたこと」や発生したトラブルから学ぶこと，さまざまな人の声に耳を傾けること，特に弱い立場や異なった意見をもつ人の話を聞くこと，外部に開かれた組織づくりをすることなど，広い視野・柔軟な思考によってこれらのことに取り組まなければなりません。利用者との直接契約ではなく，公的機関が子どもと家族の同意に基づいて支援内容を決定する措置制度であるからこそ，これらのことに一層しっかりと取り組むことが必要です。

　児童福祉法等の一部を改正する法律（令和4年法律第66号）において，都道府県は児童の意見・意向表明や権利擁護に向けて必要な環境整備に努めること，とされました。そして，「子どもの福祉に関し知識又は経験を有する者（意見表明等支援員）が，意見聴取等により意見又は意向を把握するとともに，それを勘案して児童相談所，都道府県その他関係機関との連絡調整等を行う」とされました。いわゆる「アドボケイト（代弁者）」の配置です。アドボカシーは，当事者に代わってその意思や権利を伝えることで，アドボケイトは代弁者を意

味します。最も望ましいことは，自分で自分の意思や権利を伝えられること（セルフアドボカシー）ですが，子どもたちがその力を獲得できるようになるためにも，親や身近にいる人が代弁すること（インフォーマルアドボカシー），同じ立場にいる者が代弁すること（ピアアドボカシー），ソーシャルワーカーなどが代弁すること（フォーマルアドボカシー）が大切です。そして，これらの立場とは異なる中立的な代弁者（独立型アドボカシー）も必要だと考えられるようになったのです。互いに互いを尊重することと，子どもたちに信頼される代弁者の存在が求められます。子どもたちの意見や意思が形成・表明され，効果的に実現されるための取り組みとしなければなりません。

本章のまとめ

　子どもたちの支援をバランスのとれたもの，安定したもの，継続性のあるものにしていくためには，制度・仕組み・人・財源などについて理解する必要があります。社会的養護の担い手にも，当然これが求められます。

第 14 章

子ども家庭福祉の支援者としての資質・倫理

＊　＊　＊

ポイント

1　ありがちな傾向を，プラスとマイナスの両面から吟味する
2　求められる資質を，子ども家庭福祉の特質との関連で明らかにする
3　上の2点を通じて職員に求められる倫理についても学習する

1　子ども家庭福祉・社会的養護の支援者を目指す学生に見られる傾向と特徴

　社会福祉の支援者を目指す学生，特に子ども家庭福祉を目指す学生には，次のような傾向があるように思います。

- ・まじめ
- ・優しい
- ・人の役に立ちたいと考えている
- ・子ども好き
- ・正義感が強い

　これらは，どれも優れた資質です。しかし，これらのいずれもその傾向だけを前面に強く押し出し過ぎると，不都合をもたらしかねない「困った」特徴にもなります。一つずつ見ていくことにします。

1│まじめ

　「まじめが一番」という言葉を耳にすることが多いと思います。人の話を素直に聞いて，それをそのまま受け入れる。誰かの要望や指示を受け止めて，そ

れに忠実に応えようとする。決まり事，規則を守り，それを無視したり，外れたりすることを嫌う。これらはどれも，良いことばかりのように思えます。確かにそのとおりです。しかし，その上で，支援者は自分のためにではなく，自分が支援しようとする子どもと家族のために，次の事を身に付けるべきです。

① 素直な見方・受け止め方と同時に，別な見方や批判的に物事を見る目をもつようにする。そうすることで，子どもと家族を守り，真に必要な支援を見出すことができます。

② 要望や指示に応えようとするあまりに，自分を消耗させ，結局「こなせない」という事態に陥ってしまわないように注意する。要望や指示の中には，かなり無理なものや複数のそれを同時に成り立たせることが不可能なものがあります。できるだけ，相互にコミュニケーションをとることによって，優先順位をつけて取り組むことが必要です。

③ 規則や決まり事は，複数の人間が折り合って生きるために不可欠なものです。さまざまな背景や個性をもった相当数の子どもたちが一緒に暮らす児童福祉施設では，決まりごとやルールを設けることを避けることができません。保護者にも，面会・外泊・金銭管理・持ち物などの決まりについて，遵守をお願いする必要があるでしょう。時には，毅然とした態度で向き合って，絶対に譲ってはならない場面も想定されます。だからこそ，次のことに留意が必要です。

　規則や決まり事の数を増やし過ぎて，特に子どもたちの「生活」をがんじがらめにしないことが大切です。メリハリをつけ，「どうしても」と「ゆるやか」に取り扱うことを区分けして，臨機応変に対応することが求められます。就寝時間を守らせることに一生懸命になるあまり，ついつい感情的な言葉かけや強引なやり方をしてしまうようなことが，実際の場面では起こりがちです。

2 | 優 し い

　優しいということは，本当にすばらしい資質です。優しいことの中身として，態度や言葉に柔和さがあること，人や物に対して思いやりがあることなどが挙げられるでしょう。

　第12章で述べた「共感性」は，やさしさと多くの点で重なり合います。共感する力を高めるためには，直接・間接にたくさんの人の人生に触れ，文学・映画・美術・音楽・宗教などにも触れて，人や社会やそこで起こってくることの意味を見通す力を磨くことが必要です。しかし，たとえどんなに学びを深め，たくさんの訓練を積んでも，その人自身の中に人間的な優しさという資質がなければ，支援する力の向上を望むことはできないと思われます。

　しかし，このようにすばらしい「優しい」という資質にも，落とし穴がないわけではありません。優しい人には，次の3つのことに注意してほしいと思います。

（1）情に流される

　相手の立場に立ち，それを理解する。他人事として退けずに，自分自身にかかわることでもあるかのように受け止める。これはとても大切なことです。しかし，これも，過ぎたるは及ばざるがごとしです。一歩下がって，今起きていることの意味を冷静にとらえなおしてみることが必要です。

（2）やり過ぎてしまう

　支援するとは，代わりにやってあげることではありません。その人自身が，自分で立ち，自分で行えるように，支え応援することです。やってあげること，一緒にやることも時には必要なことですが，結果的に「本人の力を奪ってしまう」「依存性を過度に引き出してしまう」「自立を阻む」，支援者の方が「振り回されてしまう」「利用されてしまう」ことのないようにしなければなりません。やり過ぎは禁物なのです。

（3）自分を責める

　自分の中に原因を探すことと自分の外の状況を理解することのバランスをとることは，とても大切なことです。「自分は駄目だ」「自分に原因がある」「できないことは申し訳ない」と考え過ぎてはいけません。「相手に主要な原因がある場合」「相互に考えなければならないことである場合」もあるのです。自分を責めすぎることは，客観的でない上に，生産的なことでもありません。

3　人の役に立ちたいと考えている

　子ども家庭福祉にかかわらず，社会福祉を目指す人の多くが，このように考えています。自分の利益を追求する，自分の名声を上げる，お金を儲けて贅沢な暮らしをすることより，地味だけれど他人のためになる仕事をしたいと考えています。このことも，本当にすばらしい資質です。

　しかし，このような考え方に潜む「感謝されたい」「良いことをして満足感を得たい」という心情には，注意が必要です。このように考えること自体が悪いわけではありませんが，社会福祉は必ずしも，このような気持ちを満たせる仕事ではないからです。

　筆者自身も，実際に社会福祉の仕事に就くまで，この点を理解することができませんでした。しかし，実際に福祉，特に子ども家庭福祉の仕事に携わる中で，「これほど，結果が見えにくい仕事はない」「感謝されるより，拒否されたり，攻撃されたり，文句を言われることが多い」と思う体験をしました。それは，そのはずです。社会福祉とは，私生活の領域に立ち入って，その人の生活と人生を支援する仕事なのです。だから，結果がすぐに見えるはずはなく，「いらぬお節介だ」「自分には必要ない」「不十分だ」という反応が返ってくることは，ごく自然なことなのです。

　長い目で見て，深いレベルで考えるならば，子ども家庭福祉は，とてもやりがいがあります。また，確実に結果が現れ，人にも感謝される仕事です。しかし，日々それを実感できるような仕事ではないことを知っておかなければなりません。

4 │ 子ども好き

　「子どもが好きだから，子ども家庭福祉を目指した」，このように話す学生が多くいます。かわいい子どもたちのそばで，子どもたちにかかわる仕事をしたいと願うのは，自然なことだと思います。

　親と暮らせない子どもたちの多くは，さまざまな事情を抱えています。その人生の中で，何らかのゆがみや問題も抱えています。汚れのない天使のような側面と残酷な悪魔のような側面の両方をもち合わせているのです。支援者より，施設での生活が長い中高生が，支援者を無視したり試したりすることもあるでしょう。このような点も包み込んだ上で，「しなやかに」子どもを好きでいられることが大切なのだと思います。

5 │ 正義感が強い

　正義感の強さについても説明します。筆者が大学で子ども虐待について講義をすると，毎年1割程度の学生が，「自分の子どもを虐待する親の気持ちがわかりません」「理解できません」「信じられません」「許せません」という反応を返してきます。このような反応を大切にしながらも，このような反応を次の段階に進ませることが，とても重要だと考えています。

　子どもへの人権侵害である子ども虐待は，絶対に許容してはいけません。子ども虐待は，受ける子どもの側から見て認定されるべきものです。しかし，だからといって，加害者となった親や保護者を，ことの善し悪しを前面に押し出して裁いたり，「理解できない」「許せない」と断罪することは，子ども家庭福祉の支援者の役割としては相応しくはないのです。

　虐待をしてしまう保護者の多くが，個人的にも社会的にも多くの不利を抱えています。強すぎる正義感は，虐待が生まれてしまう背景となった，保護者が抱えている不利や社会的な要因を軽視することにもつながります。「私も，同じものを抱えていたら，どうなったかわからない」という受け止め方ができなければ，彼らとの接点は生まれず，保護者への支援は成立しないのではないで

しょうか。

　強い正義感の向けどころを間違えない，一途な正義感を制御しながら子ども虐待の背景にある社会の問題を学んでいくことが大切です。これは，何も虐待をする保護者の問題に関してだけのことではありません。子どもたちが，わがまま，いたずら，いじめ，非行などの問題行動を起こす時，その意味をとらえ，対処する時にも常に大切にしなければならない事柄です。

② 子ども家庭福祉という仕事の特徴と支援者に求められる資質

　さて，本節では，子ども家庭福祉という仕事の特質との関係で，前節とは異なる角度から支援者に求められる資質について考えることにします。6つの項目に分けて検討していきます。

1 │ 向き不向き

　どの仕事にも向き不向きというものがあると思いますが，子ども家庭福祉の仕事，特にケアワーカーやソーシャルワーカーとして，直接子どもと家族への支援に携わることを希望するなら，自分の適性を十分に考えることが大切です。しばらくの間，「自分探し」という言葉で，「自分が本当にやりたいことって何だろう」を探すことがすすめられ，それが進路選択においても最も大切であるかのように言われる風潮がありました。しかし，「やりたいこと」は，絶えず変わり，次々に生まれてくるという側面があることを忘れないことが必要です。やりたいことを探すと同時に，自分という人間，この世に生まれ育った私には，どんな「賜物」や「持ち味」があるのか，すなわち「適性」との兼ね合いで，自分にはどのような仕事をすることがよいのかという視点（プロフェッション）で，進むべき道を考えてみることが大事だと思います。

2 │ 傷つきがあることの効果と，傷つきが深いことの影響

　それでは，いったいどのような資質をもっていることが，子ども家庭福祉の支援者には必要なのでしょうか。本章の最後で，これについてのまとめを一覧表にしたもの（として活用できるもの，表14-1）を掲載しますが，その前に，特に大切なこと，また，一覧表では十分に伝えることが難しいことを取り上げ，説明しておくことにします。次に挙げるのは，講義の折に学生から寄せられた声です。

　　　「私の父と母は，私が小学校の時に離婚しました。母は，私と弟の2人を，働きながら育ててくれました。母が大切にしてくれたので，私は不自由なく成長することができました。私は，この経験からも子ども家庭福祉の職に就きたいと思っています。ただし，私には心配なことがあります。父と母の離婚の原因にもなったことですが，父は母に暴力を振るい，私たちにも手をあげました。先生の講義を受けていると，自分の経験を思い出して苦しくなってしまうことがあります。私は，この分野の仕事に就くことができるでしょうか。」

　私は，このような質問に対して，「心配することはありません。痛みや傷つきをもっていることは，対人支援職にとってとても大切なことです。ただし，その傷が今も血がにじんでくるような生々しい状態である場合は別です。そのような場合には，自分も苦しいし，あなたの支援を受ける人をも混乱させてしまうでしょう。その場合は，あなたの傷が癒えるまで待った方が得策です。自分の状態について判断がつかないようであれば，学びを続ける中で，周りの意見も聞きながら，確かめていって下さい」と答えるようにしています。

　この傷が癒えているかどうか，それが「効果」なのか「マイナスの影響」なのかを測るために，筆者は，「コミュニケーション能力があること」「当事者ではなく，支援者である自分が主人公になってしまわないかどうか」の2つをポ

イントに見るようにと勧めています。なお，先のような質問を寄せることができる力は，過大評価は禁物ですが，ある程度のコミュニケーション能力を備えていることの証しだと受け取ることができます。

3 │ 大切な「その他」の部分：生活力と遊び

　子ども家庭福祉の仕事が，子どもと家族の生活と人生を支える仕事だということを繰り返し述べてきました。生活と人生には，広がりがあり，無駄や回り道に思えるものがいっぱいあるという共通点があります。無駄や回り道のない生活と人生は，彩りに欠け，豊かさとはほど遠いものなのではないでしょうか。ですから，支援者がさまざまな経験をしていること，いろいろなことを身に付けていること，そして，その中で得た生活力や遊びのセンスが，この仕事には生きてくるのです。

　子どもたちの悪ふざけや遊びは，とても大切なものです。人とかかわる楽しさ，ユーモアのセンス，さまざまなルール，やり過ぎてしまった時の痛み，謝り方，思いやり，そして体力の増強に至るまで，さまざまなものを育てる機会として貴重です。私たちのさまざまな経験も，それと全く同じだと考えるべきだと思います。

4 │ 科学性：人と社会に関する知見に基づき支援する

　科学的ということの意味は，第12章においても取り上げました。良い仕事をするためには，ただ情熱だけがあれば良いわけではありません。子どもという存在の特性，発達によって変化する心と体について，困った時や困難に直面した時に人がとる行動のパターン，心と体の病気について，集団の種類と特性，社会や経済の仕組み等，これらを勉強するのとしないのとでは，支援の幅と厚みに大きな違いが出てきます。このようなことを学び続けることの意義を認めること，学んだことを仕事に活かそうとすること，これらのことは子ども家庭福祉の支援者になくてはならないものだと思います。

5 │ 個人と組織との関係

　子ども家庭福祉の支援者には，仲間と協働する力が求められます。リーダーシップがある人，2番手3番手でいる時に力を発揮する人，フォロワーとして地味に見えながらも確実に仕事に取り組む人，人の個性と働きにはいろいろあって，皆が同じではありません。その人らしいあり方で，仲間と力を合わせていけることが大切です。

　たとえば，父親と母親がいる家庭があるとして，そこで，子どもを育てるのは，父親と母親のそれぞれの力であるとともに，父母の協働の力，互いの関係が作り出す「ハーモニー」の力であることが少なくありません。

　こういった点で，児童福祉施設で暮らす子どもたちは実に敏感です。職員同士がうまくいっているか，異なる職種の関係がどうか，管理者と担当者との関係がどうか，これらのことを鋭く見抜いているものです。

　仕事を進めていく人たちの関係ですから，互いの間に全く緊張感がないといったことはないでしょう。ただし，組織の一員として，互いの立場を尊重することがなければいけません。いずれの場合でも，職員として，子どもたちを支援していく職員集団を，どうしたら「盛り立て」「築き上げて」，良いチームにしていけるのかを考えたいものです。

6 │ 体力と健康

　ほとんどどのような仕事をするにしても，体が資本で，健康が大事であることは言うまでもありません。子ども家庭福祉の支援者と同様で，むしろ，これを必要とする度合いは高いというべきでしょう。

　ケアワーカーにしても，ソーシャルワーカーにしても，人に寄り添い，人とともに行動するのですから，人とともに歩むと同時に，時には後押しをする気力・体力と，それを維持するための健康が大切なのです。子どもや家族とかかわったり，関係する個人やさまざまな関係機関の人たちとかかわるためには，安定感と持久力が求められます。特にケアワーカーとして支援を担当するので

表 14 - 1　ソーシャルワーク基礎実習評価表

日本社会事業大学専門職大学院
（大学院福祉マネジメント研究科）

実習生氏名

項　目	評　価		
基盤となる事項			
1　挨拶することや場面に合った立ち居振る舞いをする等社会人としての基本的なルールが身についている。	1	2	3
2　社会福祉実践の場で学ぶ機会が与えられていることの意味(実習生としての立場)を理解している。	1	2	3
3　利用者の人権・人間としての尊厳に対して，適切に配慮・尊重することができる。	1	2	3
4　組織の中で働くことの意味を踏まえ，責任ある行動をとることができる。	1	2	3
5　自分自身の性格や特性を理解し，それを受け入れ，活かすことができる。	1	2	3
6　解らないことや，曖昧なことについて積極的に，且つ，状況を踏まえて尋ねることができる。	1	2	3
7　必要なことを解りやすく，簡潔に説明することができるか。	1	2	3
実践現場についての理解			
8　実習施設に関わる制度・沿革・理念・組織・人材・特徴などを理解したか。	1	2	3
9　実習施設の地域における役割・関係機関との連携・協働について理解したか。	1	2	3
10　実習施設内の様々な職種の協働・協力・役割分担について理解したか。	1	2	3
利用者についての理解			
11　利用者との間で信頼関係を築き，良好なコミュニケーションを持つことができる。	1	2	3
12　利用者の言葉に耳を傾けると同時に，表情や仕草等を観察し，ニーズを把握することができる。	1	2	3
13　利用者の問題点だけではなく，「強み」や「健康さ」に着目してアセスメントをすることできる。	1	2	3
14　利用者の立場に立って状況を判断し，受容的・共感的に接するとともに，専門的な関係と距離を意識して関わることができる。	1	2	3
15　利用者をエンパワーメントし，問題解決能力を高めることができる。	1	2	3
ソーシャルワーカーとしてのその他の実践能力			
16　人間の福祉と社会正義の実現に貢献しようとする情熱或いは意欲が感じられる。	1	2	3
17　人間と社会とその両者の関係について，科学的な知見に基づいて分析・洞察することができる。	1	2	3
18　ソーシャルワークの原則（自己決定，非審判的態度，守秘義務の厳守等）を理解し，これを踏まえた援助を行うことができる。	1	2	3
19　ソーシャルワークの基本的な技術（調査，面接，記録等）を身につけ，活用することができる。	1	2	3
20　ソーシャルワークの援助過程（出会い，契約，調査，アセスメント，プラン，実施，再アセスメント，終結）を理解し，これに照らして実践を観察，展開することができる。	1	2	3
実習に関するその他の事項			
21　オリエンテーションで示した注意事項や指示を守り，実習を行うことができた。	1	2	3
総合評価	1	2	3

実習を通じて，実習生の長所がどのような点に現れていたかを御記入ください。

総合所見（実習生の課題を含む）

上記のとおり評価します。

令和　　　年　　　月　　　日　　施設・機関名
　　　　　　　　　　　　　　　　代表者名　　　　　　　　　　　　　　　　　　印

　　　出所：日本社会事業大学専門職大学院「ソーシャルワーク基礎実習ノート」。

あれば，先に述べたローテーション勤務の中で，子どもたちと遊んだり，家庭での「家事」にあたる具体的な生活支援を行わなければなりません。

　ケアワーカーとして子どもとかかわるとは，何もない空間で互いに向かい合うということではなく，子どもたちとの生活の営みの全体を大切にしながら，彼らのことを考え，意図的に言葉をかけ，やりとりを続けていくということです。体力をつけ，健康維持に努めることをないがしろにしてはなりません。

7 │ 支援者としての資質を高めるために

　本章の１節から６節までに述べてきたことのまとめとして，前述した，児童福祉施設の職員として必要な資質の一覧表（表14-1）を紹介します。これは，筆者の勤務先の，社会福祉士の受験資格を取得するための「ソーシャルワーク基礎実習」において，実習受け入れ先機関・施設に記入してもらう「評価表」です。筆者が，それまであったものを全面的に改定し，ソーシャルワーカーが身に付けるべき力量（コンピテンシー）を念頭において作成しました。学生自身にも，これと同じもの（文章で振り返りの内容を記述する欄を設けたもの）を記入してもらい，教員は，それらをすり合わせた上で，実習指導の全体を踏まえて個々の学生について評価します。

　このテキストを読まれる皆さんには，ここまでに記してきた内容とこの表の個々の項目とを照らし合わせていただくことで，子ども家庭福祉の支援者が身に付けるべき資質と倫理を，総合的にとらえていただきたいと思います。

┌─ 本章のまとめ ─────────────────────────┐

　支援者には，コミュニケーション能力が求められます。また，自分の体験や背景をどう受け止め，整理しているかが問われます。「やりたい」気持ちと同時に，自分の資質や適性を踏まえて仕事を選ぶことが大切です。

└──────────────────────────────────┘

▷１　科目名や評価表は筆者が担当していた当時のものである。なお2023（令和５）年現在の社会福祉士養成課程の正式名称は「ソーシャルワーク実習」である。文部科学省・厚生労働省「社会福祉に関する科目を定める省令」を参照。

第 15 章

社会的養護のあるべき姿へ

・・・

ポイント

1 施設内で発生する加害と被害の内容，背景
2 生活単位の小規模化をめぐる課題
3 社会的養護の地域化とこれをめぐる課題
4 当事者の意見と政策決定

本章は，今後の課題について述べるように位置づけられています。そこで，刺激的に感じる話題や私見を含むことも承知の上で，今日的な話題や社会的養護のあるべき姿について取り上げることにしたいと思います。

① 施設内の加害・暴力・虐待

ある児童自立支援施設の管理者によると，ある年の在籍児童のうち約3割が，児童養護施設や里親からの措置変更によって，その施設に入所してきた子どもたちだったそうです。その施設が設置されている自治体内のいくつもの児童養護施設からの措置変更であって，特定の施設からということではなかったということですから，措置変更は一部の施設の問題ではないことがわかります。なお，子どもたちが変更前の施設等に入所していた期間は，ごく短期間だった例から長期間だった例までさまざまだったそうです[1]。そして，そのほとんどの措置変更理由が，その児童が他の入所児童に対して危害を加えたために，被害を受けた子どもを守り，新たな加害を防ぐためになされたものだったということでした。

▷1 児童自立支援施設の入退所の状況（令和3年度中）は，こども家庭庁 HP「社会的養育の推進に向けて」（令和5年12月）p.264. を参照。

さて，ここでいう「加害」とは何でしょうか。まず思い浮かぶのが「暴力」や「威嚇」なのではないでしょうか。確かに，これも少なくありません。職員に反抗し，指導や支援に耳を貸さないことが，児童自立支援施設への措置変更の理由となることは想像に難くないことです。しかし，残念ながら，措置変更の理由として圧倒的に多いのは，年長児から年少児に対する性的加害だったということでした。

　大人から直接性的暴力を受けた子どもたち，性的規範のあいまいな環境で育った子どもたち，施設入所後に年長の子どもたちから性的暴力を受けた子どもたちなどが，小学校高学年から中高生になるに従って，自分より力の弱い子どもたちへ性的加害を行ってしまったというのです。性器を触ることや性交にまで及んだ事例もあり，措置変更という形でしか，被害児との接触を断つ以外に現実的な対応策がなかったものと思われます。

　被害児は，必ずしも加害児の異性だとは限りません。昼夜を問わず，職員の目が届きにくい時間帯に，年長の男児が，同じ生活単位に属する年少の男児に自分の性器を触らせるという事件も起きています。加えて，職員からの虐待もあります。

　2009年4月1日からは，児童福祉法の中に，被措置児に対する虐待を防止するための規定が盛り込まれています（172頁参照）。入所児童への身体的暴力，心理的虐待，性的虐待，ネグレクトが許されてよいはずがありません。児童福祉施設で働く職員や里親は，子どもたちが身に付けてしまっている特質を十分理解して，自分自身・同僚たちが，このような問題の加害者にならないように常に注意を払い続けなければなりません。

▷ 2　虐待的な関係性の中で育った子どもたちの中には，援助者との関係の中でも，自分が受けてきたものと同種の虐待を引き出すような行動をとる（たとえば，イライラさせるような言動，性的に大人びた仕草など）ことがあるといわれている。

②　社会的養護とソーシャルアクション[3]

　社会的養護には，今もさまざまな問題や課題があります。しかし，私たちは，責める相手，求める対象，訴えるべき先を取り違えてはなりません。この国の子ども家庭福祉の貧弱な体制の責任は，個々の施設経営者，都道府県・児童相談所，こども家庭庁等だけにあるのではないからです。

　これらの立場にある人たちが，自分たちの立場や責任を自覚して，子どもと家族の福祉レベル向上のために力を尽くすべきは当然ですが，これらの人たちを責めるだけでは，子ども家庭福祉の大幅なレベルアップや抜本的な改革を実現することは望めません。筆者は，かつて都道府県の本庁で担当者として勤務した経験がありますが，児童福祉施設や児童相談所から都道府県の本庁に向けられる声に，「なぜ，もっと視野を広げて，外に向かって発言しないのか」という思いをもったものでした。

　子どもと家族にかかわるあらゆる立場の人たちが，互いに適度な緊張関係を保った上で，お互いを同じ目標を目指す仲間として認め合って，協働し，あらゆる媒体を通じて，地道に，しかも大胆に，この国の子ども家庭福祉のレベル向上を，国民全体に訴えかけなければなりません。

　同じ目標をもった者同士が一緒に学ぶ研修や，さまざまな情報や意見に接することができるシンポジウム等に参加することは，楽しい機会でもあるはずです。研修会への参加，実践の言語化，研究，学会での発表，新聞や学術誌への投稿，コンサートやパレードといったイベントへの参加等，情報の発信や働きかけの方法はさまざまなものが考えられます。

　もちろん，このような活動を行う際には，子どもたちのプライバシーに十分に配慮し，実践の場で生じていることを安易に暴露するようなことがあってはなりません。この原則を守った上で，それぞれが自分にできるやり方で情報発

▶ 3　さまざまな方法を用いて社会に働きかけ，制度の不備や未整備についての改善，新たな仕組みの創設などを実現しようとすること。ソーシャルワークの重要な働きの一つである。

信を行い，「ソーシャルアクション」に取り組むことが必要です。

　さて，筆者も，以前から大切にしている「小さな町の丁寧な実践は，世界に通じる」「目標は大きく，対策は地道に」という2つのモットーの下で，社会的養護における「生活単位の小規模化」と「地域化」「当事者の意見と政策」という3つの重要な問題を柱に据えて，この国の社会的養護の改善のために，いくつかの指摘と提案を試みてみようと思います。

③　生活単位の小規模化と養育体制

1 ｜ 小規模化と課題

　先に記した子どもたちへの加害と暴力の問題を解決するためにも，虐待や保護者との分離によって傷ついた子どもたちの心と体の回復のためにも，また，家庭から離れて暮らさなければならない子どもたちが「普通の暮らし」を実現（経験）し，施設退所後に地域で生活する時のための力を身に付けるためにも，さらに，やがて大人になって新たな家庭を築くための準備をするためにも，社会的養護における生活単位の小規模化は必要です。

　大規模集団での人為的な暮らしは，その時にはそれなりに楽しく，効率的で，複数の目が届くといったメリットがありますが，ここに記した目的・目標を実現するためには，決定的に「欠け」ているものや偏ったものがあると言わざるを得ません。

　国も，児童福祉施設における生活集団の小規模化を積極的に進めようとしています。2000（平成12）年に創設された，本園とは別に定員6人を基本単位とする「地域小規模児童養護施設」の箇所数を増やすとともに，2005（平成17）年から導入された施設内の一部を区切ってそこで家庭的で小規模な生活支援を行えるようにする「小規模グループケア」も広がっています。

　一定の条件を満たせば，制度が始まった当時の職員配置である「常勤2名非常勤1名」「通常の配置基準に加え1名を加配」という水準を超え，生活単位

ごとに４名，あるいはそれを超える職員配置が実現するまでになりました。

　しかし，施設の全体でいえば，今なお多くの施設で「集団生活」を前提とした大きな生活単位での運営がなされています。また，多くの子どもたちは，何年間もそれぞれの施設に在籍するのが普通であることから，一定期間ごとに施設内の複数の生活単位を移動し続けることが避けられません。

　これらのことを踏まえれば，望ましい「小人数での普通の暮らし」への模索は，既に乗り越えた課題ではなく，引き続き取り組まなければならない課題であり続けているといえるでしょう。

　ただし，筆者は，やみくもに，ただ子どもたちの生活単位の小規模化を進めればよいという立場ではありません。筆者は，「児童虐待のリスクがある家庭へのソーシャルワーク」や「里親養育を支援するソーシャルワーク」を専門として取り組んできた者として，「孤立した小さな世界で行われる余裕のない子育て」の怖さを思い知らされているからです。ある学生の実習のエピソードを紹介した上で，これについて解説しましょう。

　ある学生が，２つの児童養護施設で続けて実習をしました。この学生に感想や学んだことを尋ねたところ，彼女は「小舎制の施設より，大舎制の施設の方が，落ち着いていて，家庭的でした」と答えました。学生の理解がすべて正しいとは限りませんが，一面を鋭くとらえていると思います。彼女が配属された小舎では，若く経験の浅い職員が複数の幼児を含む子どもたちを担当していたそうです。これに対して，もう一つの大舎制施設には，子育て経験のあるベテラン職員が複数いて，異年齢の子どもたちが，比較的広い空間で生活していたようでした。家事に追われ，言葉の指示を絶え間なく続けざるを得ない若手職員が一人で奮闘している小さな空間より，押さえどころを心得た，力量が備わった複数のベテランの職員がコーディネートする集団生活の方が，家庭的でゆったりとしたものに感じられ，子どもたちとのかかわりも確保されていると判断したということのようでした。

　地域小規模児童養護施設が創設された当時，多くの施設経営者が，「ベテラン職員と中堅職員ないし若手職員のペアに担当してもらい，非常勤職員等で

0.5人分の応援を入れる」こととして，この事業を開始しました。これは正しい判断だったと思われます。しかし，開始された分園のすべてがこの形態を維持・継続できたわけではありませんでした。2.5人で6人の子どもたちを援助するという体制は，「ほぼ1日おきに宿直があり，1人勤務がほとんどで，家事や雑用に追われ，子どもたちとほとんど向き合うことができない」ことを意味していました。0.5人の応援は，あくまでも応援に過ぎません。確かに，地域小規模児童養護施設では一般的には子どもたちの生活は安定し，彼らの生活拠点への愛着も深まるという効果が認められているようです。しかし，職員には極めて厳しい内容で，そこでの生活と支援は，ひとたび関係が悪化すれば，「行き詰まってしまう」ことになりかねません。このような中で，ベテラン職員・中堅職員のいずれもが辞めてしまって，若手職員と新卒者がペアを組んで担当したような地域小規模児童養護施設が少なからずあったと聞いています。このような状態では，「地域にある」というより「地域で孤立し，浮遊する」ことになってしまいます。この制度を本当に根づかせるためには，各分園に常勤職員を増員することが不可欠です。

　確かに現在は，一定の条件を満たせば，職員が加配されるようになりました。しかし，今も制度創設時とほとんど変わらない条件で運営されている施設もありますし，たとえ4人を超える職員が配置されたとしても，生活単位内のすべての子どもを，その日に勤務する職員が1人でみなければならない時間帯が無くなったわけではないのです。子どもたちに良い養護を提供するためには，職員が長く勤められる，バランスのとれた，働く者にも優しい職場にしていくことが必要です。多くの施設で広く認められる，ベテランと若手に二極化した職員構成の「ドーナツ現象」[4]や，若く経験が浅い女性職員だけで担当するグループケアといった状況を解消させることを目指さなければなりません。

▶4　児童指導員，保育士の多くが，3〜4年程度で退職してしまうという現状がある。産休・育休を取って働き続けることが，民間の児童福祉施設ではまだまだ一般的ではない。

2 ｜ 小規模住居型児童養育事業と里親制度

　小規模で家庭養護の提供を目指すものとして，「小規模住居型児童養育事業」
と「里親制度」のことを忘れてはなりません。

　「小規模住居型児童養育事業」は，2008（平成20）年の児童福祉法の改正に
よって創設されました。小規模住居型児童養育事業が創設されるまでは，この
形の事業は，「里親型ファミリーホーム」という通称で呼ばれていました。し
かし，実際には，里親とは異なるもので，第2種社会福祉事業に位置づけられ
ました。このために，里親委託の場合に踏まえられなければならない「受け入
れ側の状態も含めた丁寧なアセスメントに基づくマッチング」による委託とは
異なる前提で，子どもの委託が行われる仕組みでスタートすることになりまし
た。目指された理念は崇高でも，できあがった当時の制度には，脆弱さがある
ことを指摘せざるを得ませんでした。

　「里親制度」は，児童福祉法の施行と同時に1947（昭和22）年に創設され
1948年から始められた歴史ある制度です。2002年に続き2008年，そして2016年
の児童福祉法改正で内容が大きく見直されました。特に，2016年の児童福祉法
改正では，里親制度などの「家庭養護」すなわち通常の家庭生活の中に子ども
を迎え入れることを優先的に選択すべき代替養育とすることが明確にされまし
た（第3条の2）。

　これらにより，里親の種類は，養育里親，専門里親，養子縁組里親，親族里
親に再編され，専門里親のみでなく養育里親にも研修の受講が義務化されました。そして，その後養子縁組里親にも研修の受講が義務化されました。養育里

▷ 5　2012年までになされた制度改正によって，小規模住居型児童養育事業への支援のあり方が見直
　　された。この改善の中で，同事業が，里親同様，養育者の家庭で営まれるものであることが明確
　　にされ，里親支援の対象の中に含まれるかたちに整理された。この見直しと並行して，里親と小
　　規模住居型児童養育事業を，それまでの「家庭的養護」ではなく「家庭養護」と呼ぶ整理も行わ
　　れた。また，この事業の運営者団体である日本ファミリーホーム協議会は，自分たちの実践の向
　　上とその質の担保のために，2015年5月の総会において「倫理綱領」を採択した。
▷ 6　専門里親は養育里親の一類型という位置づけだが，4つの種類と表されることが一般的である。

親と専門里親への手当の額も大幅に改善されました。また，里親を支援することが都道府県の責務と位置づけられ，都道府県は，これを直接行う場合の他，適当なものに委託できるとされました。

2017（平成29）年8月にまとめられ厚生労働大臣に提出された「新しい社会的養育ビジョン」では，養育者との永続的な関係を形成することの重要性や，非常に高い里親委託率に引き上げることが目標として掲げられました。

ただし，多くの登録里親・委託中の里親が50〜60代となっているように，里親の高齢化が深刻な状態となっていることや，委託数が増える中で養育が不安定になり委託を続けられなくなる，いわゆる「里親（養育）不調」が目につくようになっています。新たな里親登録者を開拓することや，都道府県の責務とされた里親支援の中身を具体的に明らかにし，かつ，効果的に実践できるようにすることが求められています。[7]

④ 社会的養護の地域化

さて続いて，社会的養護をめぐるもう一つの大きな課題である，社会的養護の地域化とこれに関連する内容について，いくつかのことを見ていきましょう。

1 子育て支援と社会的養護の分断

まず取り上げたいのは，市町村をベースとして展開される，いわゆる「子育て支援」と，都道府県を担い手として展開されてきた社会的養護との分断の問題です。同じ地域で暮らす子どもたちなのですが，残念ながら，日本では，この2つのものがそれぞれの行政分野に従って展開され，互いの間の交流が不活

▷ 7　2023（令和5）年現在，多くの乳児院や児童養護施設には，里親支援専門相談員という里親委託を増やし里親養育を支援するための専任職員が配置されている。また，これと同じ目的の下で業務を担う機関に「フォスタリング機関」という名称が与えられて，充実した補助事業を展開できるようにもなっている。また，このような動きをさらに発展させた「里親支援センター」が，2022（令和4）年の児童福祉法改正によって，新しい児童福祉施設として創設され，2024（令和6）年からスタートする。

発な状況にあります。しかも，未だにこのことへの社会の認識は不十分ですし，この２つを連続したものとしてとらえ，分断の解消を目指そうという動きは，緒についたばかりだといえるでしょう。[18]

　なぜ，このような構造が生まれてしまったのでしょうか。その背景にはすでに述べたように，一方が市町村中心，一方が都道府県中心に展開されてきたからだと考えられますが，筆者は，それを補強する形で，図15‐1に示したような子どもと家庭の状態像を抱える問題の深さやニーズの違いによって区分し，それぞれを固定した一群と見なすとらえ方があったからだと考えられます。そもそも図15‐2のように，一組の親子の関係でさえ，さまざまな要素が絡み合い，状況によって変化するものであるということが理解されていたのであれば，今までのような「分断」が生じる余地はなかったように思われます。

　実際に，地域で展開される子育て支援の現場を訪ねてみると，かなり深刻な問題を抱えた親子・家族を，育児支援ヘルパーやファミリーサポートの提供会員が支えていたり，そのような親子が「つどいの広場」などにもつながっていることは，珍しいことではないと気づかされます。

　もちろんこれも大切なことなのですが，地域の親子に対する子育て支援を，保護者の負担を軽減するものだけに限定してはなりません。市町村・都道府県・国は，力を合わせて地域の子育て支援と社会的養護を連続したものとして位置づけ，親子の実際のニーズに対応したものとして再構築することが不可欠です。

▶8　2003年には，子育て支援事業が新たに法定化され，これを推進することが市町村の責務とされた。また2004年には，市町村が児童相談の第一義的相談窓口として位置づけられ，都道府県の業務が，専門的な対応を必要とする事例を援助するとともに市町村を支援することに改められた。また，設置が奨励されてきた児童虐待防止ネットワーク会議を，法律に基づく要保護児童対策地域協議会として設置できる規定が設けられた。その後協議会の設置は努力義務とされ対象も拡大された。しかし，これらにより市町村が子ども家庭福祉の主な担い手になり社会的養護を含む子どものための包括的な支援が提供されるようになったとは言い難い。2016年の児童福祉法改正で創設された子ども家庭総合支援拠点も，ミニ児童相談所化（児童虐待対応に特化）しているとの指摘があった。2024年４月からスタートするこども家庭センターが，地域で暮らすすべての子どもと家庭に本物の包括的支援を届ける拠点となることが期待されている。

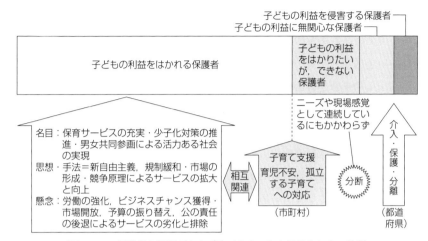

図 15-1　保護者の状況がさまざまであることを前提としない体制

出所：筆者作成。

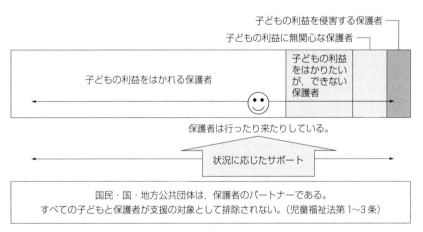

図 15-2　保護者の状況がさまざまであることを前提とした体制

出所：筆者作成。

2 │ 社会的養護のニーズが発生する地域とサービスが提供される地域との分断

　もう一つの「分断」について話題を進めます。こちらは，子どもと家族の「養護ニーズが発生する地域」と，子どもと家族に「社会的養護サービスが提

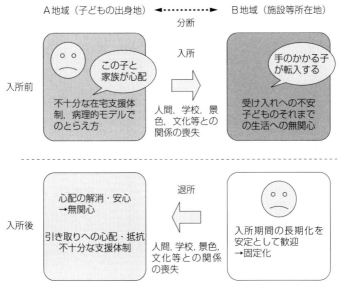

A地域（子どもの出身地）◀┈┈┈┈┈▶ B地域（施設等所在地）

分断

※子どもは，入所時も退所時も「喪失」を体験する。

図 15-3　地域間で相反する利益

出所：筆者作成。

供される地域」との分断です。

　図15-3に表したような構造のもとでは，深刻な問題を抱えた子どもと家族を，その子どもと家族が生活する地域で支えようという考え方や気運は生まれにくく，ひとたび子どもが保護されれば，その子どもたちの生活は，地域の人たちからは見えないものになってしまいます。「こんなに心配な親子をこのままにしておいてよいのですか」という危機感は，関係者を子どもと家族を地域で支援するという方向には向かわせず，結果として，「親子・家族を地域から排除する」方向へと進ませます。このような対応の方向性は，保護された子ど

───────────────

▶9　児童福祉施設職員が体験する学校との相互理解や協調の難しさの背景にも，この構造がある。施設等の所在地には，「他の地域から難しい子どもを受け入れる」という被害的なとらえ方が生まれることがある。1学年1～2クラスという地域で，クラスのうち数人は施設から通っている子どもたちだということは，著しい影響が生じても当然の割合だといってよいだろう。新しい施設を開設することに対して地域の同意が得にくく，時には反対運動さえもが起こるのは，同じ理由によるものと考えられる。

もが家庭に引き取られることへの抵抗にもつながります。その上，保護がなされる場合にも引き取りが実行される場合にも，子どもたちは，「排除」と「抵抗」という逆風の中で，それぞれの機会ごとに，ほとんどすべてのものから引き離されるという経験を余儀なくされます。子どもたちにとっては，家族と離れること（入所）も，生活していた施設等を離れること（退所）も，共に，友人・先生・遊び場・地域活動・商店・景色・文化等との関係を断れることなのだと理解しておかなければなりません。

　日本の社会的養護に関する在宅支援体制の不在と社会的養護サービスの体制の貧しさは，子どもたちのこのようなニーズを，長い間無視し続けてきた結果としてできあがり，現在までもち越されてしまっているのだと思われます。

3 ｜ 市町村に社会的養護担当を置き，施設に地域福祉担当を置く

　この深刻な問題の解決のためには，社会的養護を都道府県を基本単位とする実施・供給体制から，市町村を単位として実施・供給する体制に移行させなければなりません。

　ただし，このことには社会的養護の支援体制を伝統的な「公的責任」の下でのみ充実させようとしても現実的ではないとする指摘があります。この点で高齢者福祉や障害者福祉の実施・供給体制から学ぶべきだという勧めがあることも自然です。ただ，筆者は，「難しい」との批判があることを当然のこととして予想しながらも，社会的養護は，その子どもたちへの意味あいが，サービスではなく最低生活の保障・究極のセーフティネットであることを忘れてはならないと考えます。だからむしろ，国民生活の最終的なセーフティネットである生活保護にこそ，実施体制を近づけるべきだと考えています。その上で，具体的には，市町村に社会的養護担当のソーシャルワーカーを置くことを実質的に必須とし，在宅支援と里親支援の両方を担ってもらうようにします。また，小規模化した児童福祉施設にも地域福祉担当のソーシャルワーカーを配置し，両者が協働する仕組みとします。このようにすることによって，地域の社会的養護のニーズを地域で展開される支援で充たすものに改めなければならないと考

えます。「お金がない，という理由で子どもに我慢させる」「仕方がないので，とりあえず安物で間に合わせる」というような国は滅びます。公の再構築なくして，共助や自助に力を発揮してもらうことは，本当は非現実的なこと，すなわち不可能なことなのです。自助は義務ではなく，本人が望むことそのものであり権利です。公助すなわち社会保障とは，本人が望む「自分を助ける力」を保障する仕組みであると考えるべきではないでしょうか。

⑤　子どもの意見と政策決定

　2022（令和4）年改正の児童福祉法の主な内容が，2024（令和6）年4月1日から施行されました。これには，一時保護や施設入所を行う場合や，これらの施設を退所する場合等に，都道府県知事または児童相談所長は，「児童の最善の利益を考慮するとともに，児童の意見又は意向を勘案して入所措置等を行うために，あらかじめ，年齢，発達の状況その他の当該児童の事情に応じ意見聴取その他の措置（以下この条において「意見聴取等措置」という。）をとらなければならない」という内容が含まれています（第33条の3の3）。

　この法改正には，この他にも社会的養護に直接かかわる事項が多く含まれていますが，この法改正全体の趣旨が「児童虐待の相談対応件数の増加など，子育てに困難を抱える世帯がこれまで以上に顕在化してきている状況を踏まえ，子育て世帯に対する包括的な支援のための体制強化等を行う」と説明されていることに注目したいと思います。

　前の段落で引用した「意見聴取等措置」や行政から独立したアドボケイト（代弁者）を置くという仕組みも，市町村に，子ども家庭福祉と母子保健による支援を一体的に提供する「こども家庭センター」を整備するという施策も，すべて大きな括りとしては，「子育てに困難を抱える世帯がこれまで以上に顕在化してきている状況があります。これを踏まえ，子育て世帯に対する包括的な支援のための体制強化等」をするのだとされているのです。

　これらの施策を確実に前進させ，子育て支援と社会的養護を連続するものと

して展開し，子育てに困難を抱えた家庭を支援し，「痛み」「苦しさ」「理不尽さ」を味わわざるを得なかった子どもたちを支援することこそが，この国において，一人も取り残すことなく，すべての子どもと子育て家庭の幸せ（福祉）を実現する上で不可欠なのだと確信します。

　この法改正で，「まずは社会的養護を受ける子どもに保障する」とした，意見聴取とアドボケイトの対象を，この国のすべての子どもに拡大し，「子どものことは子ども抜きには決めない」を当たり前のこととし，子どもの声に基づいた子どもの最善の利益を考慮した「こどもまんなか社会」を実現するための政策を進めていくことが重要です。

本章のまとめ

　社会的養護の課題は，子どもの利益を中心に据えて，これをどう実現するかという視点で検討すべきです。施設内での加害と被害の問題，「小規模化」と「地域化」，里親養育との協働や在宅支援についてなど，たくさんの課題があります。これらに取り組む上でも子どもの意見が重要です。

索　引

著者紹介（執筆順・担当章）

山縣文治（やまがた・ふみはる）**第1章**
　　編著者紹介参照。

木村直子（きむら・なおこ）**第2章〜第4章**
　　現　在　鳴門教育大学大学院学校教育研究科准教授。
　　主　著　『子どものウェルビーイングと家族』（共著）世界思想社，2006年。

小池由佳（こいけ・ゆか）**第5章〜第8章**
　　編著者紹介参照。

石田賀奈子（いしだ・かなこ）**第9章〜第11章**
　　現　在　立命館大学産業社会学部教授。
　　主　著　『ファミリーソーシャルワークと児童福祉の未来――子ども家庭援助と児童福祉の展望』
　　　　　　（共著）中央法規出版，2008年。
　　　　　　『児童家庭福祉の理論と制度』（共著）勁草書房，2011年。

宮島　清（みやじま・きよし）**第12章〜第15章**
　　現　在　日本社会事業大学専門職大学院客員教授。
　　主　著　『社会的養護シリーズ』1〜4巻（共編著）福村出版，2011年。
　　　　　　『家族支援と子育て支援――ファミリーソーシャルワークの方法と実践』（共編著）明石書
　　　　　　店，2013年。
　　　　　　『ひと目でわかる保育者のための子ども家庭福祉データブック2024』（共編著）中央法規出
　　　　　　版，2024年。
　　　　　　『児童・家庭福祉』（社会福祉学習双書⑤）（共著）全国社会福祉協議会，2023年。

佐藤孝平（さとう・こうへい）**第13章**
　　現　在　社会福祉法人共生会希望の家施設長。
　　主　著　『子どもの未来を拓く――自立支援コーディネーター30の実践』（共著）東京都社会福祉協
　　　　　　議会，2018年。
　　　　　　「小規模化，地域分散化の実践からの学び」『季刊 児童養護』50(2)，全国児童養護施設協
　　　　　　議会，2019年。
　　　　　　「入所型親子アセスメントセンター」『2018年度 第44回 資生堂児童福祉海外研修報告書
　　　　　　――イギリス　児童福祉レポート』資生堂社会福祉事業財団，2019年。

編著者紹介

小池由佳（こいけ・ゆか）
　現　在　新潟県立大学人間生活学部教授。
　主　著　『子ども家庭福祉とソーシャルワーク』（共著）有斐閣，2002年。
　　　　　『保育ライブラリ児童福祉』（共著）北大路書房，2004年。

山縣文治（やまがた・ふみはる）
　現　在　関西大学人間健康学部教授。
　主　著　『社会福祉における生活者主体論』（共編著）ミネルヴァ書房，2012年。
　　　　　『子ども家庭福祉論』ミネルヴァ書房，2016年。

新・プリマーズ／保育／福祉
社会的養護 ［第 5 版］

2010年 4 月20日　初　版第 1 刷発行	〈検印省略〉
2011年 8 月30日　初　版第 3 刷発行	
2012年 3 月10日　第 2 版第 1 刷発行	定価はカバーに
2012年 4 月20日　第 2 版第 2 刷発行	表示しています
2013年 3 月30日　第 3 版第 1 刷発行	
2015年 3 月10日　第 3 版第 3 刷発行	
2016年 3 月30日　第 4 版第 1 刷発行	
2021年11月30日　第 4 版第 6 刷発行	
2024年 2 月20日　第 5 版第 1 刷発行	

編 著 者	小	池	由	佳
	山	縣	文	治
発 行 者	杉	田	啓	三
印 刷 者	田	中	雅	博

発行所　株式会社　ミネルヴァ書房

607-8494　京都市山科区日ノ岡堤谷町 1
電話代表　（075）581-5191
振替口座　01020-0-8076

ⓒ小池・山縣ほか，2024　　創栄図書印刷・吉田三誠堂製本

ISBN978-4-623-09684-8
Printed in Japan

────────────新・プリマーズ────────────

社会福祉　　　　　石田慎二・山縣文治編著　　　　本体2000円

児童家庭福祉　　　福田公教・山縣文治編著　　　　本体1800円

社会的養護　　　　小池由佳・山縣文治編著　　　　本体2000円

社会的養護内容　　谷口純世・山縣文治編著　　　　本体2000円

相談援助　　　　　久保美紀・林　浩康・　　　　　本体2000円
　　　　　　　　　湯浅典人著

地域福祉　　　　　柴田謙治編著　　　　　　　　　本体2400円

発達心理学　　　　無藤　隆・中坪史典・　　　　　本体2200円
　　　　　　　　　西山　修編著

保育の心理学　　　河合優年・中野　茂編著　　　　本体2000円

────────────ミネルヴァ書房────────────
https://www.minervashobo.co.jp/